미래의
나에게
주는 선물

KB160246

김도연 지음

미래의
나에게
주는 선물

a day
10 minutes
100 days

하루 10분 · 100일
심리학자의
긍정 확언 필사 노트

언더라인

소중한 _____ 에게

사랑과 자비, 행복과 건강, 풍요와 성공,
모든 삶의 축복이 끝없이 열리길 기원합니다.

삶을 변화시키는 씨앗,
긍정 확언

오래전부터 심리학자로서 많은 분에게 '긍정 확언'을 소개하고 알리면 좋겠다고 생각해왔습니다. 어느 날 신중한 제안을 받았을 때 선뜻 받아들이게 된 이유는 간단하고 명료합니다. 삶을 변화시키기 위한 해법으로써 '긍정 확언'은 이미 과학적으로 널리 검증된 효과적인 방법이기 때문입니다.

오래전부터 심리학에서는 우리의 생각이 삶에 미치는 영향을 중요하게 다루어왔습니다. 삶을 변화시키는 데 필요한 많은 요소 중 생각의 측면은 깊은 탐구의 대상이었습니다. 이에 부정적인 생각을 바꾸는 구체적인 방법들이 쏟아져 나왔고, 긍정 회로에 관한 연구는 그야말로 놀라운 진화를 거듭해왔습니다. 특히 우리의 신념이 감정이나 행동에 미치는 영향은 어떤 방향으로든 상당한 힘으로 작용하기에 인지치료는 확실하게 도움이 되는 치료법이 되었습니다. 최근에는 긍정적인 생각을 키우고 낙관성을 유지하며 경험에 대한 열린 태도와 수용의 마음을 넓히는 다양한 치료적 접근이 무척이나 사랑받고 있고, 그 효과는 놀라울 정도로 발전적입니다. 그렇기에 심리학자로서 긍정 확언집을 완성하는 과정은 각별한 여정이었습니다.

사실 이전부터 다양한 긍정 확언문을 습관처럼 반복하며 그 효과를 경험적으로 받아들이고 있던지라 100일의 긍정 확언을 완성해 가는 동안 일어나는 일들은 더욱 특별하기만 했습니다. 맨 처음 긍정 확언을 삶의 습관으로 받아들이고자 노력한 그때는 10여 년 전으로 기억됩니다. 당시는 생각의 변화가 일으키는 무한한 가능성의 세계를 내 안에서 느끼기까지 더딘 시간이 지나가리라 여겼습니다. 그러나 얼마 안 가 내면에서 일어나는 역동적인 변화와 삶의 모든 면에서 펼쳐지는 감사한 일들을 마주하면서 지금 일어나는 일이 다음에 일어날 일에 영향을 주게 된다는 사실도 알게 되었습니다. 긍정 확언은 삶에서 중요한 게 무엇인지를 잘 보여줄 뿐만 아니라 삶을 제한하는 것이 우리의 생각들에서 비롯된다는 것을 명확히 해주었기 때문입니다.

마음에 밝은 등불을 켜고 삶을 향해 나아간다는 것은 미래의 나에게 주는 가장 값진 선물이 아닌가 싶습니다. 지금 여러분이 쥐고 있는 이 책은 내 안에 있는 무한한 잠재력과 미래를 향한 열린 마음의 공간을 넓혀줄 것입니다. 이제 우리는 자신이 만들어내는 꿈의 실현을 마주하게 될 것입니다. 그 멋진 날들은 배움과 성장의 기회를 끊임없이 열어줄 것이며, 연습을 거듭하는 동안 세상에 존재하는 나로서의 경험은 더욱 충만해질 것입니다. 긍정 확언과 함께하는 100일간의 시간 여행 동안 안개가 걷히듯 모든 것에서 일어나는 놀라운 변화를 충분히 느껴보길 바랍니다.

이제, 여러분을 이전과는 다른 새로운 세계로 초대합니다. 지금 시작해볼까요.

차례

1부

나를 바꾸는 작지만 위대한 습관

2부

행운과 기적을 부르는 긍정 확언

a day

10 minutes

100 days

1부

나를 바꾸는 작지만 위대한 습관

뇌와 신경계의 놀라운 변화 신경 가소성

———

뇌에는 수천억 개의 신경세포인 뉴런neuron이 존재하며 이 세포들의 상호작용으로 뇌의 활동이 이루어집니다. 세포들의 연결을 맡은 부분을 시냅스synapse라고 하는데요, 인간의 뇌는 어떠한 메시지가 반복되는가에 따라 신경세포 간에 시냅스들의 회로가 서로 다르게 형성됩니다. 즉, 긍정의 메시지가 입력될 때 발화되는 뇌의 경로와 부정의 메시지가 지나가는 경로가 서로 다른 것이지요.

뇌의 신경회로는 어떠한 자극을 받는가에 따라 기능적인 변화와 재조직화가 이루어집니다. 이를 신경 가소성neuroplacity이라고 합니다. 우리는 간단한 정신 훈련만으로도 높은 수준의 긍정적인 의식을 키울 수 있습니다. 신경 가소성의 원리는 간단하지만 명료합니다. 우리의 뇌는 의식을 어디에 몰두하는가에 따라 신경망의 활성화가 달라지고, 새로운 신경 점화가 일어나면서 뇌의 물리적 구조가 바뀝니다. 그런데 반복적으로 강력한 메시지를 입력하면 할수록 이를 받아들이는 긍정 회로는 서로 더 촘촘한 연결망 지도를 형성합니다. 그 결과 우리는 열린 개방성과 지혜, 의지와 열정, 창조성과 통찰력을 얻게 되지요. 나아가 타인에 대한 공감과 자애, 친절함이 커집니다.

풍요로운 삶을 위한 긍정 확언의 효과

———

'긍정 확언'은 행복하고 의미 있는 삶을 살아가는 데 필요한 자원이자 힘입니다. 오래전 동양에서는 내면의 평화와 안정을 돕는 '만트라mantra'를 사용해왔습니다. 특정한 단어나 문장을 선택해서 집중하며 읊조립니다. 이는 심신의 이완뿐만 아니라 열린 사고와 긍정의 태도를 향상시킵니다. 또한 자신에 관한 긍정적인 확언은 전방대상피질에서 세로토닌 생성을 촉진합니다. 전방대상피질은 습관을 만드는 역할을 합니다. 세로토닌은 안정과 의지, 활력을 만들어주죠. 이러한 신경계의 기능은 부정적인 일을 생각하지 않도록 막아주고, 자신이 원하는 바를 행동으로 옮기도록 합니다.

매일 긍정 확언을 읽고 쓰며 실천한다는 것은 뇌를 재프로그래밍

하는 것과 같습니다. 뇌는 경험을 통해 학습하면서 끊임없이 스스로 창조를 거듭하기 때문입니다.

긍정 확언의 효과는 분명하고 명확합니다. 다만 일시적인 경험이 아닌 지속적인 신경계의 변화를 만들어내기 위해서는 물리적인 시간이 필요합니다. 그야말로 새로운 흔적을 남기는 시간이라고 보면 좋겠습니다. 그러나 너무 걱정하거나 염려하지 마세요. 긴 시간이 필요치 않으니까요. 하루 10분이면 충분합니다.

부와 성공을 이룬 사람들, 행복과 풍요를 누리는 사람들은 타고난 천재도 아니고 대단한 능력을 지닌 특별한 사람도 아닙니다. 그들은 자기가 하는 일이 성공하고 잘 될 것이라는 긍정 확언을 끊임없이 실천해온 사람들입니다. 이유는 간단합니다. 이 세상에서 나의 삶을 가장 귀하고 값지게 만들 수 있는 사람은 바로 나 자신이기 때문입니다.

삶을 변화시키는
잠재의식의 기적

✳

뇌과학자들은 오래전부터 잠재의식을 강조해왔습니다. 잠재의식은 뇌의 95퍼센트에 해당이 되는 영역으로서, 이는 마치 거대한 우주와 같습니다. 잠재의식과의 연결은 무척 중요한데요, 잠재의식은 무한한 가능성의 세계로 연결하는 통로이기 때문입니다. 자신도 모르게 반복하는 메시지는 생각과 언어를 통해 잠재의식에 강력한 영향을 미칩니다. 우리는 긍정적인 생각이나 언어의 중요성을 이미 잘 알고 있습니다. 부정적인 말의 영향을 너무도 혹독하게 겪어왔기 때문이지요. 자신에게 되새기는 생각의 내용은 잠재의식에 고스란히 스며들어 태도와 행동에 영향을 미칩니다.

긍정적인 메시지와 부정적인 메시지를 동시에 인식하면 서로 영향을 주는데요, 핵심은 이로운 것이 해로운 것보다 더 중요한 것으로 각인이 되고 유지되어야 한다는 점입니다. 그렇다고 부정적인 생각을 하지 않기 위해 애쓰지 마세요. 우리 뇌는 신경 쓰고 주의를 기울인 생각의 내용을 오래도록 기억하니까요. 부정적인 생각이 일어나면 이내 긍정 확언을 반복하며 좋은 말과 생각을 자신 안으로 받아들여보세요. 몇 번의 연습만으로도 이러한 연결에 능숙해질 수 있습니다. 천천히 편안하게 시작해보세요. 점차 긍정 확언은 삶을 살아가는 데 필요한 가장 강력한 힘의 원천이 될 것입니다.

당신이
받아들인 것이
원하는 모든 것이
된다

✳

우리는 과거의 경험을 통해 얻은 단단한 신념을 붙든 채 살아갑니다. 오랜 신념은 자신도 모르게 감정과 행동에 스며들어버리죠. 물론 긍정적이고 낙관적인 신념은 위대한 힘으로 작용하여 삶의 방향을 원하는 소망과 기대에 다다를 수 있도록 바꾸고 일상에 생기를 더합니다. 그러나 반대의 경우에는 부정적인 생각으로 인해 행동이 위축되고 쉽게 절망하여 포기하게 되는 일이 잦아집니다. 저명한 사회심리학자인 로버트 머튼Robert Merton은 자기충족적 예언self-fulfilling prophecy에 관한 발견을 통해 자신에 대한 좋은 기대가 성취의 조건임을 강조했습니다. 실제로 수많은 연구에서도 긍정적인 신념을 지닌 사람은 더 많은 긍정 경험과 더 큰 성취를 이루어냈습니다.

심리치료에는 긍정적인 혼잣말self-talk을 반복하게 함으로써 부정적인 생각과 감정에 변화를 주는 방법이 있습니다. 자신을 향한 긍정의 메시지는 문제행동의 개선뿐만 아니라, 기분 좋은 상태를 유지하게 합니다. 긍정적인 자기 메시지self-message를 받아들일 때는 인지·행동적인 변화가 크게 일어나는데요, 이러한 방법은 단순하고 간단해 보이지만 그 효과는 커서 우울과 불안, 무기력을 치료하는 데 널리 적용되고 있습니다.

대표적인 심리치료인 변증법적 행동치료DBT, Dialectical Behavior Therapy에서는 긍정적인 자기 메시지를 중요한 치료 기술로 쓰고 있습니다. 자신에게 놓인 각 상황마다 적절한 긍정의 문장을 사용하도록 하는데요. 이러한 방법은 고통 감내 능력을 증진하고 자기 확신과 용기, 일과 관계에서의 유연성 및 감정 조절에 큰 도움이 됩니다.

긍정 확언은 실로 놀라운 힘을 갖고 있습니다. 그러나 긍정적인 메시지의 중요성을 잘 안다고 해도 내 삶의 일부가 되도록 실천해야 강력한 효과를 느낄 수 있습니다. 만일 어렵겠다는 생각에 머뭇거린다면, 이 또한 습관적인 부정적 생각이니 빨리 빠져나오도록 합니다. 자신을 향한 부정적인 확언에 동의하는 순간 여전히 같은 상황이 반복될 수 있으니까요.

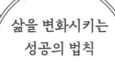

삶을 변화시키는 성공의 법칙

✳

좋은 생각과 확신이 있을 때 잠재력을 마음껏 펼칠 수 있는 무한한 공간이 열리게 됩니다. 삶을 떠오르게 하고 싶다면 기대를 확신으로 바꿔보세요. 모든 것은 자신이 하기에 달려 있습니다. 삶이 기쁨과 만족, 행복과 즐거움으로 채워지도록 방향을 바꿔 놓아야 원하는 것을 얻을 수 있습니다. 긍정심리학자들은 삶의 풍요와 심리적 웰빙에 필요한 몇 가지 지침을 내놓았습니다. 이를 가만히 들여다보면 긍정적인 인식과 태도의 전환이 무척 중요함을 알 수 있습니다.

- 항상 미래에 대한 희망적인 전망을 유지하라.
- 자신을 긍정적으로 생각하라.
- 당면한 문제와 도전을 낙관적인 관점으로 바라보라.
- 힘든 도전이나 예기치 않은 문제에 직면했을 때, 최악의 상황을 상상하지 마라.

- 자신에게 필요한 것에 의도적인 주의를 둠으로써 긍정적인 자기 관리를 해라.
- 자아 발견을 가능하게 하는 순간들을 놓치지 말아라.

– 미국 심리학회American Psychological Association

마이크로소프트 창업자인 빌 게이츠는 그의 엄청난 성공의 비결을 묻자 긍정적인 생각이 무척 중요하다고 했습니다.

> "나는 매일 스스로에게 두 가지 말을 반복합니다.
> 하나는, '왠지 오늘 나에게 큰 행운이 올 것 같다'
> 다른 하나는, '나는 무엇이든 할 수 있다'입니다."

〈타임〉과 〈포브스〉에서 선정한 세계에서 가장 영향력 있는 인물로 뽑힌 오프라 윈프리는 매일 자신에게 확실한 믿음을 심어주었다고 합니다.

> "이 세상에서 일어나는 모든 일은
> 내가 무엇을 생각하는가에 따라 일어나게 된다.
> 난 언제나 내가 위대해지도록 운명지어졌다고 믿어왔다."

모든 꿈은 당신이 생각하는 것과 마음속에 그리는 것으로부터 시작됩니다. 이제 그 꿈이 현실이 되어 드러나도록 자신에게 특별한 시간을 내어보세요. 우리 내면에는 누구나 삶을 변화시킬 수 있는 위대한 힘이 있습니다.

매일 아침을 긍정 확언으로 시작해보세요.
어느 순간 긍정 확언 속 메시지는 내 삶의 모든 순간을 바꿔 놓을 거예요. 명백하게, 분명히 말이죠.

긍정 확언 노트
사용 설명서

＊

STEP 1. 긍정 확언문 낭독과 필사

———

긍정 확언은 자신이 원하는 모습을 스스로에게 부여하는 '자기 긍정'의 마음을 키우는 연습입니다. 매일 아침, 긍정의 문장을 필사하고 여러·번 낭독합니다.

하루의 긍정 확언문을 수시로 떠올리며 반복해서 말합니다. 어느새 내 안에서 놀라운 변화가 일어날 것입니다. 나아가 이전과는 다른 삶의 극적인 순간들과 가치 있는 결과들을 마주하게 될 것입니다.

STEP 2. 마음챙김 명상과 시각화 연습

———

매일의 긍정 확언문을 각인하기 위한 '마음챙김 명상'과 '시각화'

연습을 준비했습니다. 마음챙김 명상과 시각화는 고요한 알파파와 집중의 세타파를 만듭니다. 편안한 상태에서 뇌와 신경계를 새롭게 변화시키는 방법을 '프라이밍priming'이라고 하는데요, 뇌 속에 입력된 정보가 잠재의식에 작용하여 원하는 바를 이루도록 합니다.

마음챙김 명상Mindful Meditation

마음챙김 명상은 행복감, 공감, 자비심을 키우고, 주의력과 기억력을 증진합니다. 인지적, 심리적 웰빙과 관련된 뇌 영역을 활성화시킬 뿐만 아니라 잠재의식을 깨우는 특별한 명상법입니다. 오래전 〈타임〉 지는 '마음챙김 혁명Mindful Revolution'이라는 기사를 커버 스토리로 다루며 마음챙김 명상의 효과를 소개했습니다. 긍정 확언의 힘을 키우고 몸과 마음의 평화를 이끄는 마음챙김 명상을 따라해봅니다.

시각화를 통한 인지적 시연Cognitive Rehearsal

자신이 원하는 모습이나 꿈꾸는 멋진 삶을 실현하기 위한 시각화 연습은 심리치료에서 오래전부터 적용해온 기법입니다. 이를 '인지적 시연'이라고 하는데요. 마음속으로 성취나 성공, 두려움을 극복해 나가는 모습을 상상합니다. 때론 좋아하는 장소나 장면을 떠올리거나, 빛이나 색을 시각화합니다. 이는 세로토닌과 도파민과 같은 신경계의 작용을 촉진하여 심리적인 안정과 편안함을 돕습니다.

STEP 3. 마음챙김 만트라

———

내면에 온화하고 따뜻한 느낌을 불러일으키는 단어나 문장을 만들어 반복합니다. 만트라는 스트레스 상황에서 마음의 안정을 되찾는 데 무척 효과적입니다.

만트라는Mantra는 어떤 것이든 괜찮습니다. 영화 속 대사, 책 속의 문구, 오래전 영감을 받은 문장, 다른 사람이 들려준 기분 좋은 말이 될 수도 있습니다. '오늘 하루 동안 나에게 필요한 말은 무엇일까?'라고 생각해보며 매일의 상황에 맞는 만트라로 자신을 격려해주고 응원합니다.

STEP 4. 감사 일기

———

하루에 한 번, 오늘 있었던 일들 중 좋은 일 세 가지를 찾아서 기록합니다. 예상했던 일이든, 예상치 못한 일이었든 다 괜찮습니다. 행복하고 고마운 순간의 느낌을 자세하고 구체적으로 적어보세요.

기록을 마친 후에는 감사함이 주는 긍정의 에너지를 충분히 느껴봅니다. 기분 좋은 에너지의 진동을 마음 가득히 채워보세요.

대단하고 거창한 것이 아닌, 사소하고 소박한 것들로부터 시작해보세요. 감사함을 느끼는 것이야말로 매일의 삶을 새롭게, 더욱 값지게 만드는 일이니까요.

긍정 확언 노트
실천 가이드

✳

1. 100일 동안 긍정 확언 노트를 차근차근 기록해봅니다. 만일 며칠 기록을 놓치더라도 멈추지 말고 다시 이어서 계속합니다.

2. 긍정 확언문을 수시로 떠올리고, 자주 반복해서 말합니다. 아침에 일어날 때, 잠들기 전에도 읊조립니다. 청소나 요리를 할 때, 걷는 동안에도 자주 말해보세요.

3. 부정적인 생각이 들거나 안 좋은 기분이 지속될 때는 긍정 확언을 여러 번 반복해서 읊조립니다. 이내 마음이 편안해질 거예요.

✳

4. 거울을 보면서 긍정 확언을 말해보세요. 이때 목소리에 힘을 실어 내면의 의지를 끌어올려 보세요.

5. 긍정 확언문을 눈에 잘 보이는 곳에 붙여 놓거나 쉽게 볼 수 있는 곳에 저장해 놓습니다. 수시로 보며 반복합니다.

6. 긍정 확언 노트를 마치는 동안 일어나는 크고 작은 변화와 행복하고 즐거운 일들, 새로운 내면의 힘을 하나하나 찾아서 기록해보세요.

a day

10 minutes

100 days

2부

행운과 기적을
부르는
긍정 확언

하루 10분,
100일간의
긍정 확언 노트

✳

이름

_____

시작일

_____

나의 다짐

_____

_____

_____

_____

100일 뒤의
나에게

＊

원하는 삶이 있다면

매일 분명하게 생각하고

당신의 의도를 행동으로 실천하세요.

감사함을 느끼면 감사할 일들로 가득한 삶이 될 거예요.

수용을 선택하면 수용받는 삶이 되어 인생이 풍요로워지죠.

성공하고 싶다면 자신이 해낸 그 경험과 배움에 집중하세요.

부자가 되고 싶다면 작은 풍요도 온전하게 충분히 느끼세요.

원하는 것을 생각하고

원하는 느낌을 창조하며

원하는 행동 속에 살아가세요.

새로운 나는, 나를 벗어날 때 만나게 됩니다.

지금 내가 가장 해보고 싶은 일은 무엇인가요?

'내가 잘 해낼 수 있을까?'라고 염려하며

하고 싶은 일이나 해야 할 일을 망설이고 있지는 않은가요?

해보기도 전에 포기하지 말아요.

한 단계씩 해나가면 도달할 수 없는 것은 없어요.

————＊————

(따라 읽기)

- 삶을 이끄는 것은 바로 나 자신입니다.
- 나는 어디서든 늘 인정받고 사랑받습니다.
- 나는 경험을 통해 배우며 더 크게 성장합니다.

(따라 쓰기)

....

....

....

마음챙김 명상과 시각화 연습

- 눈을 감고 편안한 마음으로 들숨과 날숨을 알아차려보세요.
- 호흡과 함께 '자신감'이란 단어에 집중하며 여러 번 읊조립니다.
- 지금 걱정하거나 염려하는 그 일을 한 단계씩 이루어 나가는 자신의 모습을 구체적으로 그려보세요.

마음챙김 만트라

긍정적인 생각을 심어주는 나만의 문장을 만들어보세요.

....

....

오늘 쓰기

하루 동안 있었던 일 중에서 좋은 일 세 가지를 찾아서 적고, 감사한 마음을 느껴보세요.

1.
....

2.
....

3.
....

마음속에 품은 꿈과 희망은 무엇인가요?

마음이 이끄는 대로 소중한 꿈을 따라가봐요.

두려움은 모두 내려놓아요.

도움이 안 된다는 걸 알잖아요.

두려움과 희망 중에 어디에 기댈 건가요.

———————✳———————

(따라 읽기)

- 내가 바라는 대로 삶이 이루어집니다.
- 나에게 실패란 없습니다. 오직 경험만이 있습니다.
- 내겐 삶을 창조하는 힘과 무한한 잠재능력이 있습니다.

(따라 쓰기)

....

....

....

(**마음챙김 명상과 시각화 연습**)

- 눈을 감고 편안히 호흡의 느낌과 리듬을 알아차려보세요.
- 마음의 눈으로 꿈을 이루어내는 자신의 모습을 구체적으로 떠올려보세요.
- 자신의 모습에 집중하며 지지나 격려, 응원의 메시지를 여러 번 읊조리며 반복합니다.

(**마음챙김 만트라**)

긍정적인 생각을 심어주는 나만의 문장을 만들어보세요.

....

....

(**오늘 쓰기**)

하루 동안 있었던 일 중에서 좋은 일 세 가지를 찾아서 적고, 감사한 마음을 느껴보세요.

1.
....

2.
....

3.
....

3 day
행복

우리는 행복을 찾기 위해 늘 노력을 해요.

과연 행복은 어디에 있는 것일까요?

행복은 언제나 내 곁에 존재해왔고

지금 여기에도 함께 있어요. 주위를 한번 둘러보세요.

햇살, 구름, 바람 모두 다 나의 것이에요.

———————✳———————

따라 읽기

- 내 삶엔 즐거움과 행복이 가득합니다.
- 나는 존중받고 사랑받는 삶 속에 있습니다.
- 나는 매일 사랑과 감사로 행복을 받아들입니다.

따라 쓰기

마음챙김 명상과 시각화 연습

- 눈을 감고 편안한 마음으로 호흡의 리듬을 느껴보세요.
- 숨을 들이쉴 때 '행복', 숨을 내쉴 때 '평화'라고 천천히 읊조리며 단어에 집중합니다.
- 행복과 평화로 가득한 빛의 공간 속에 있는 자신을 그려보세요.

마음챙김 만트라

긍정적인 생각을 심어주는 나만의 문장을 만들어보세요.

....

....

오늘 쓰기

하루 동안 있었던 일 중에서 좋은 일 세 가지를 찾아서 적고, 감사한 마음을 느껴보세요.

1. ....

2. ....

3. ....

이 세상에 또 다른 나는 존재할 수 없어요.

자신에게 조금 더 친절하게 다가가 보세요.

자신을 사랑하기 위해 완벽할 필요는 없어요.

당신의 내면 안에 사랑이 있을 때

주변에 퍼져 있는 사랑의 에너지를 끌어당길 수 있어요.

————————✳————————

[따라 읽기]

· 나는 나를 있는 그대로 사랑하고 존중합니다.
· 사람들은 내 주변에서 평화와 사랑을 느낍니다.
· 삶은 나를 사랑하며, 나는 이미 그 사랑 안에 있습니다.

[따라 쓰기]

....

....

....

(마음챙김 명상과 시각화 연습)

• 눈을 감고 편안한 마음으로 들숨과 날숨에 주의를 기울여보세요.

• 호흡과 함께 '사랑'이란 단어에 집중하며 여러 번 천천히 읊조립니다.

• 당신의 머리 위에 사랑의 빛이 있다고 상상해보세요. 그 빛이 몸 전체를 환
히 비춰주고 있음을 느껴보세요.

(마음챙김 만트라)

긍정적인 생각을 심어주는 나만의 문장을 만들어보세요.

....

....

(오늘 쓰기)

하루 동안 있었던 일 중에서 좋은 일 세 가지를 찾아서 적고, 감사한 마음을 느
껴보세요.

1.
....

2.
....

3.
....

스스로 부족하다고 느낀다면

내면의 소리에 가만히 귀를 기울여보세요.

자신을 향한 부정적인 말들은 그만 내려놓아요.

그래야 그 아래 있는 온전한 당신이 드러날 수 있어요.

긍정적인 마음으로 용기를 내어 세상과 마주하세요.

자, 일어나세요!

——————＊——————

따라 읽기

- 내 삶은 어디에서든 성공과 행운이 따라옵니다.
- 나에겐 무한한 성공의 잠재력과 힘이 있습니다.
- 나는 내가 하는 일을 잘 해내어 꿈을 이룹니다.

따라 쓰기

....

....

....

마음챙김 명상과 시각화 연습

- 눈을 감고 편안한 마음으로 호흡하며 몸을 느슨하게 해주세요.
- 들숨과 날숨을 알아차리며 숨결을 느껴보세요. 숨의 느낌과 감각에 주의를 기울입니다.
- 호흡을 느끼며 마음을 고요히 합니다. 당신이 바라는 목표를 이룬 모습을 마음의 눈으로 떠올리며 기분 좋은 에너지에 집중합니다.

마음챙김 만트라

긍정적인 생각을 심어주는 나만의 문장을 만들어보세요.

....

....

오늘 쓰기

하루 동안 있었던 일 중에서 좋은 일 세 가지를 찾아서 적고, 감사한 마음을 느껴보세요.

1. ....

2. ....

3. ....

이 세상에 존재하는 어떠한 것도 온전히 분리된 것은 없어요.

겉으로 보기에는 따로 떨어져 있는 것 같아도

지구라는 하나의 행성에서 더불어 살아가는 존재들입니다.

마음을 열고 손길을 내어서 자신에게도,

주변에도 너른 사랑과 자비를 베풀어보세요.

————————✳————————

따라 읽기

- 나는 나 자신과 타인에게 너그럽고 친절합니다.
- 내 안의 자비와 사랑으로 내 삶은 충만합니다.
- 내 안의 고통을 수용하며 자비와 사랑으로 돌봅니다.

따라 쓰기

(마음챙김 명상과 시각화 연습)

- 편안히 호흡에 주의를 기울이며 들숨과 날숨을 알아차려보세요.
- 숨을 들이쉬고 내쉴 때 자비의 문장을 읊조리며 집중합니다. '내가 행복하기를', '내가 삶 속에서 편안하기를', '내가 사랑하고, 또한 사랑받기를' 여러 번 반복합니다.
- 주변의 가까운 사람을 떠올려보세요. 자비의 문장을 읊조리며 사랑을 담아보세요.

(마음챙김 만트라)

긍정적인 생각을 심어주는 나만의 문장을 만들어보세요.

....

....

(오늘 쓰기)

하루 동안 있었던 일 중에서 좋은 일 세 가지를 찾아서 적고, 감사한 마음을 느껴보세요.

1.
....

2.
....

3.
....

과거와 미래를 내려놓을 때

현재의 순간에 온전히 머물 수 있습니다.

지난 일과 오지 않을 미래로 마음이 흘러간다면

진정으로 가치 있는 순간을 잃어버릴 수 있어요.

삶에서 가장 소중한 시간은 바로 '지금'이에요.

———————✳———————

따라 읽기

- 삶의 모든 순간을 열린 마음으로 받아들입니다.
- 나는 매일의 일상에서 즐거움과 기쁨을 발견합니다.
- 내 곁의 사람들과 내가 가진 모든 것에 감사합니다.

따라 쓰기

....

....

....

- 몸을 펴고 편안히 앉아, 코로 들이쉬고 입으로 내쉬는 방법으로 몇 차례 호흡하며 이완합니다.
- 들숨과 날숨에 주의를 기울이면서 호흡과 몸의 감각, 공간의 느낌을 전체적으로 알아차려보세요.
- 현재의 순간을 알아차리며 호흡하는 동안 느껴지는 모든 경험에 마음을 열어보세요.

마음챙김 만트라

긍정적인 생각을 심어주는 나만의 문장을 만들어보세요.

....

....

오늘 쓰기

하루 동안 있었던 일 중에서 좋은 일 세 가지를 찾아서 적고, 감사한 마음을 느껴보세요.

1.
....

2.
....

3.
....

매일 완벽하게 잘 해낼 순 없어요.

자신에게 너그러워지세요.

힘겨울 때는 호흡을 가다듬으며, 크게 숨을 내쉬어봐요.

작은 성취감이 들만한 일부터 시작해보며

자신에게 '천천히 다시 해보자. 힘내'라며 다독여주세요.

지금은 응원보단 격려가 필요해요.

———————✳———————

(따라 읽기)

- 나는 과제가 어렵든 쉽든 포기하지 않고 해냅니다.
- 나는 내 앞에 놓인 모든 상황을 직면할 수 있습니다.
- 주변 사람들의 말보다는, 내가 원하기에 도전할 것입니다.

(따라 쓰기)

마음챙김 명상과 시각화 연습

- 눈을 감고 편안한 마음으로 들숨과 날숨에 주의를 기울입니다.
- 호흡을 알아차리며 이 순간의 감정과 몸의 감각을 느껴보세요.
- 숨을 들이쉴 때는 가슴을 활짝 펴고, 내쉴 때는 천천히 길게 내쉬면서 '이완'
  이라고 말하며 긴장을 놓아주세요.

마음챙김 만트라

긍정적인 생각을 심어주는 나만의 문장을 만들어보세요.

....

....

오늘 쓰기

하루 동안 있었던 일 중에서 좋은 일 세 가지를 찾아서 적고, 감사한 마음을 느
껴보세요.

1. ....

2. ....

3. ....

매일 아침. 매일 밤, 잠들기 전에

자신을 향해 나지막하게 말해주세요.

'고마워', '사랑해', '힘내', '괜찮아'

당신은 지구별에서 가장 소중한 단 한 사람이에요.

마음껏 사랑해주고, 제일 잘해주세요.

———————— ✳ ————————

(따라 읽기)

- 나는 나를 사랑하며, 내 삶을 사랑합니다.
- 우주의 축복과 사랑이 모두 내게 있습니다.
- 내 삶은 편안하고 안정적이며 좋은 사람들로 가득합니다.

(따라 쓰기)

- 눈을 감고 편안한 마음으로 들숨과 날숨에 주의를 기울입니다.
- 밝고 환한 축복의 빛이 온몸을 감싸고 있다고 상상해보세요. 내 몸 전체가 밝게 빛나는 모습을 그려보세요.
- 숨결을 알아차리며 밝은 축복의 에너지를 마음 가득히 느껴보세요.

마음챙김 만트라

긍정적인 생각을 심어주는 나만의 문장을 만들어보세요.

....

....

오늘 쓰기

하루 동안 있었던 일 중에서 좋은 일 세 가지를 찾아서 적고, 감사한 마음을 느껴보세요.

1.
....

2.
....

3.
....

10 day
존중

자신을 있는 그대로 수용하며

다른 사람을 판단 없이 받아들여보세요.

옳고 그름을 따지며 비교하지 말아요.

자신과 사이좋게 지내고,

세상과 평화롭게 소통해보세요.

———————✳———————

(따라 읽기)

- 나는 나의 가장 좋은 부모이자 멘토입니다.
- 내 안의 모든 면을 있는 그대로 수용합니다.
- 나는 다른 사람에게 친절하며 차별 없이 존중합니다.

(따라 쓰기)

마음챙김 명상과 시각화 연습

- 눈을 감고 편안한 마음으로 들숨과 날숨에 주의를 기울입니다.
- 호흡과 함께 '수용', '배려', '존중'이라고 말하며 천천히 읊조립니다.
- 호흡을 알아차리며 입가에 미소를 지어보세요. 미소의 따뜻한 에너지를 몸 전체로 느껴보세요.

마음챙김 만트라

긍정적인 생각을 심어주는 나만의 문장을 만들어보세요.

....

....

오늘 쓰기

하루 동안 있었던 일 중에서 좋은 일 세 가지를 찾아서 적고, 감사한 마음을 느껴보세요.

1.
....

2.
....

3.
....

두려움

두려움은 모두가 느끼는 감정이에요.

마음의 손님처럼 드나드는 이 감정을 먼저 맞이해보세요.

두려운 감정을 인정할 때 용기를 얻을 수 있어요.

무엇을 생각하든 부딪혀 보면 더 쉽고 나을 거예요.

너무 주눅 들지 말고 시작부터 해봐요.

———————✳———————

따라 읽기

- 내 인생의 주인공은 바로 '나'입니다.
- 나의 수호천사는 항상 내 곁에 있습니다.
- 나는 어떤 일이든 즐겁게 잘 해낼 수 있습니다.

따라 쓰기

마음챙김 명상과 시각화 연습

- 반듯하고 위엄 있는 자세로 앉은 후 몇 차례 편안히 호흡합니다.
- 상상할 수 있는 가장 아름다운 산의 이미지를 떠올려보세요. 마음의 눈으로 산의 이미지에 집중해보세요.
- 마치 자신이 '산'이 되었다고 생각해보세요. 아름답고 웅장하며 담대한 산의 모습으로 자신을 느껴보세요.

마음챙김 만트라

긍정적인 생각을 심어주는 나만의 문장을 만들어보세요.

....

....

오늘 쓰기

하루 동안 있었던 일 중에서 좋은 일 세 가지를 찾아서 적고, 감사한 마음을 느껴보세요.

1.
....

2.
....

3.
....

평화

내 안의 평화는 너른 마음으로부터 시작됩니다.

단단한 내 마음의 담벼락을 조금 더 낮춰보세요.

고정된 나만의 틀에서 벗어날 때

긍정적인 감정도 마음의 평화도

내 것이 됩니다.

―――――＊―――――

(따라 읽기)

• 나는 일상의 작은 일에도 기쁨과 행복을 느낍니다.

• 나는 주변의 모든 사람과 조화롭고 평화롭게 지냅니다.

• 내게는 마음을 치유할 따뜻한 에너지와 강한 힘이 있습니다.

(따라 쓰기)

- 편안한 자세로 앉아 들숨과 날숨을 알아차리며 몸 전체의 온기를 느껴봅니다. 마치 몸 전체가 호흡하고 있다고 생각해보세요.
- 호흡과 함께 '내 마음이 평화롭기를' 또는 '평화'라고 말하며 천천히 읊조립니다.
- 들숨과 날숨에 고요하고 평화로운 에너지가 몸의 세포 하나하나에까지 퍼져간다고 상상해보세요.

마음챙김 만트라

긍정적인 생각을 심어주는 나만의 문장을 만들어보세요.

....

....

오늘 쓰기

하루 동안 있었던 일 중에서 좋은 일 세 가지를 찾아서 적고, 감사한 마음을 느껴보세요.

1.
....

2.
....

3.
....

믿음

내면의 날카로운 목소리를 잘 알아차려보세요.

'내부 비판자'는 사소한 실수조차 이해하지 않으려 들죠.

그대로 따른다면 나아갈 힘도 의지도 빼앗길 수 있어요.

자신을 믿지 못하면 모든 일에 두려움이 커져요.

한 발 한 발 가던 길을 걸어가세요.

————————＊————————

따라 읽기

- 나의 선택을 믿으며 모든 기회를 받아들입니다.
- 나의 믿음은 더 많은 기쁨과 행복을 불러옵니다.
- 나는 내 안의 능력을 펼친 기회를 기꺼이 맞이합니다.

따라 쓰기

마음챙김 명상과 시각화 연습

- 편안히 호흡에 주의를 기울이며 들숨과 날숨을 알아차려보세요.
- 숨을 들이쉬고 내쉬며 무한하고 위대한 대상을 떠올려보세요. 신, 우주, 대자연, 하늘, 바다, 무엇이든 마음의 눈으로 그려보세요.
- 호흡과 함께 마음에 떠올린 대상의 이미지에 집중하며 온전한 보호 속에 있음을 느껴보세요.

마음챙김 만트라

긍정적인 생각을 심어주는 나만의 문장을 만들어보세요.

....

....

오늘 쓰기

하루 동안 있었던 일 중에서 좋은 일 세 가지를 찾아서 적고, 감사한 마음을 느껴보세요.

1.
....

2.
....

3.
....

어떤 목표를 위한 계획을 세웠다면

끝까지 해봐야 나 자신을 알 수 있어요.

복잡한 생각을 붙들고 있다 보면 더욱 망설이게 되죠.

자신에게 새로운 경험과 기회를 주세요.

성공은 자신을 위해 노력할 때 이루어집니다.

——————＊——————

[따라 읽기]

- 나는 기꺼이 원하는 것을 향해 나아갑니다.
- 나는 노력과 끈기로 일을 끝까지 해냅니다.
- 나는 내 꿈을 실현할 열정과 추진력을 갖고 있습니다.

[따라 쓰기]

....

....

....

(마음챙김 명상과 시각화 연습)

• 편안히 앉아 호흡하며 들숨과 날숨에 주의를 기울입니다.

• 호흡의 느낌과 감각을 알아차리며 현존의 순간을 있는 그대로 느껴보세요.

• 마음을 고요히 한 후, 원하는 하루를 보내는 자신의 모습을 그려보세요. 입가에 미소를 지으며 밝은 기운을 느껴봅니다.

(마음챙김 만트라)

긍정적인 생각을 심어주는 나만의 문장을 만들어보세요.

....

....

(오늘 쓰기)

하루 동안 있었던 일 중에서 좋은 일 세 가지를 찾아서 적고, 감사한 마음을 느껴보세요.

1.
....

2.
....

3.
....

과거의 상처를 치유하는 것이야말로

삶의 가장 가치 있는 일 중 하나입니다.

지금의 내 모습을 갖게 한 씨앗이 어떻게 뿌려졌는지 살펴보세요.

단, 누굴 원망하거나 비난하지 않도록 해요.

내가 다른 사람과 다른 점은

지난 일을 통해 교훈과 지혜를 발견할 수 있음에 있어요.

———— ✳ ————

따라 읽기

- 나는 고난과 역경 속에서 더욱 강해집니다.
- 나는 모든 부정적인 기억을 풀고 넘어갑니다.
- 과거의 경험은 내게 더 큰 지혜와 현명함을 줍니다.

따라 쓰기

마음챙김 명상과 시각화 연습

- 편안한 마음으로 호흡하며 들숨과 날숨을 있는 그대로 느껴보세요.
- 호흡과 함께 마음의 눈으로 넓고 푸른 바다나 평화로운 호수를 그려보세요.
- 당신이 마치 넓고 푸른 바다나 평화로운 호수가 되었다고 상상해보세요. 어떤 경험에서든 담대하고 고요한 내면이 있음을 느껴보세요.

마음챙김 만트라

긍정적인 생각을 심어주는 나만의 문장을 만들어보세요.

....

....

오늘 쓰기

하루 동안 있었던 일 중에서 좋은 일 세 가지를 찾아서 적고, 감사한 마음을 느껴보세요.

1.
....

2.
....

3.
....

감사

감사의 힘을 키우면 크고 넓은 세계관을 가질 수 있어요.

나라는 존재를 이루고 있는 모든 것에 사랑이 깃들죠.

평범해 보이는 일상을 특별한 하루로 만드는 마법!

감사하는 마음으로 내 삶에 온기를 불어넣어 보세요.

행복한 '나'로 살아갈 수 있을 거예요.

———————✳———————

따라 읽기

- 내겐 언제나 감사할 일이 참 많습니다.
- 내게 오는 삶에는 사랑과 감사가 충만합니다.
- 타인을 향한 배려와 친절은 더 큰 감사와 축복을 가져옵니다.

따라 쓰기

....

....

....

마음챙김 명상과 시각화 연습

- 편안한 마음으로 호흡하며 들숨과 날숨의 리듬을 알아차려보세요.
- 마음이 힘들었을 때 나를 도와준 고마운 분들을 가만히 떠올려보세요.
- 마음속에 떠오르는 분들에게 '감사합니다'라고 말하며 따뜻한 에너지를 마음 가득 느껴봅니다.

마음챙김 만트라

긍정적인 생각을 심어주는 나만의 문장을 만들어보세요.

....

....

오늘 쓰기

하루 동안 있었던 일 중에서 좋은 일 세 가지를 찾아서 적고, 감사한 마음을 느껴보세요.

1.
....

2.
....

3.
....

17 day
건강

내 몸은 감정의 통로와 같아요.

감정을 누르며 참고 견디면 몸에서 신호를 보냅니다.

이런 날은 명상이나 산책을 하거나 차를 마시며 느슨하게 보내요.

내 편인 사람들에게 마음속에 담아둔 말을 풀어도 놓아요.

일상의 틈이 있어야, 미소를 되찾을 수 있어요.

————*————

(따라 읽기)

- 나의 몸과 마음은 긍정적인 에너지로 충만합니다.
- 내 몸의 강한 치유력은 삶을 건강하게 이끕니다.
- 하루하루가 지날수록 점점 더 편해지고 건강해집니다.

(따라 쓰기)

- 들숨과 날숨에 집중하며 호흡과 온몸을 하나로 느껴보세요.
- 몸을 세세하게 알아차리며 손과 발, 가슴과 등, 목과 어깨, 얼굴로 주의를 옮겨가면서 그곳의 감각을 느껴보세요.
- 숨을 들이쉬고, 입으로 천천히 내쉬면서 '이완', '건강', '평화'를 읊조리며 치유의 에너지가 온몸 곳곳에 퍼져감을 상상해보세요.

마음챙김 만트라

긍정적인 생각을 심어주는 나만의 문장을 만들어보세요.

....

....

오늘 쓰기

하루 동안 있었던 일 중에서 좋은 일 세 가지를 찾아서 적고, 감사한 마음을 느껴보세요.

1. ....

2. ....

3. ....

모든 일을 다 잘할 수는 없지만

꼭 이루고 싶은 꿈이 있다면 열정을 갖고 전념해봐요.

장애물 따위는 신경 쓰지 말아요.

장애물을 통해 배우겠다는 자세로 집중해보세요.

그것이 바로, 성공하는 사람과 뒤처지는 사람의 차이예요.

───────✳───────

> **따라 읽기**

- 내가 가는 길에는 크나큰 은총과 영광이 함께합니다.
- 내게는 목표를 성취하기에 충분한 힘과 열정이 있습니다.
- 내게 오는 모든 삶은 쉽고 편안하며 축복으로 가득합니다.

> **따라 쓰기**

....

....

....

마음챙김 명상과 시각화 연습

- 편안히 들숨과 날숨에 주의를 기울이며 호흡의 리듬을 느껴보세요.
- 호흡하는 동안 '은총', '영광,' '축복'이라고 말하며 단어가 지닌 긍정의 에너지가 온몸에 가득해짐을 상상해보세요.
- 호흡을 알아차리며 몸 안 가득히 퍼지는 좋은 기운을 충분히 느껴보세요.

마음챙김 만트라

긍정적인 생각을 심어주는 나만의 문장을 만들어보세요.

....

....

오늘 쓰기

하루 동안 있었던 일 중에서 좋은 일 세 가지를 찾아서 적고, 감사한 마음을 느껴보세요.

1.
....

2.
....

3.
....

어떻게 해야 내 안의 잠재력을 더 크게 발현할 수 있을까요?

삶의 다음 단계로 나아가기 위해서는

마음속 비전을 향한 의지와 용기가 필요해요.

두려움은 늘 파도처럼 다가오지만

그때마다 멈춘다면 파도를 잘 타는 법을 배울 수도 없죠.

———————✳———————

따라 읽기

• 나는 매일 원하는 꿈과 목표를 향해 나아갑니다.

• 내겐 어떤 어려움도 극복해낼 위대한 힘이 있습니다.

• 성공에 대한 나의 믿음과 의지는 나날이 강해지고 있습니다.

따라 쓰기

마음챙김 명상과 시각화 연습

- 몸의 긴장을 풀고 호흡과 함께 의식을 공간 전체로 넓혀보세요.
- 호흡과 함께 당신이 원하는 목표를 떠올리며 최종 목표를 이룬 자신의 모습을 상상해보세요.
- 숨들 들이쉬고 편히 내쉬며, 지금 그 일을 모두 마쳤다면 어떤 기분일지 느껴보세요.

마음챙김 만트라

긍정적인 생각을 심어주는 나만의 문장을 만들어보세요.

....

....

오늘 쓰기

하루 동안 있었던 일 중에서 좋은 일 세 가지를 찾아서 적고, 감사한 마음을 느껴보세요.

1.
....

2.
....

3.
....

기적

자유롭고, 편안하고, 행복해지고 싶다면
긍정적인 순간과 삶의 좋은 면에 초점을 맞추세요.
기적은 먼 곳에 있는 것이 아니에요.
매일 똑같은 행동을 하면서 기적을 기대한다면,
기적은 오래 걸릴지 몰라요.

―――――＊―――――

(따라 읽기)

- 내 마음은 평화와 평온함으로 가득차 있습니다.
- 나는 매일 긍정적인 생각으로 내 삶을 창조합니다.
- 내게는 삶의 기적을 만들어내는 위대한 힘이 있습니다.

(따라 쓰기)

마음챙김 명상과 시각화 연습

- 편하게 앉아 들숨과 날숨의 느낌과 감각을 알아차려보세요.
- 몸을 전체적으로 자각하며 현존하는 순간을 그대로 느껴봅니다.
- 지금, 이 순간 긍정 에너지가 숨결 따라 온몸의 근육과 세포 하나하나에까지 퍼져 간다고 상상해보세요.

마음챙김 만트라

긍정적인 생각을 심어주는 나만의 문장을 만들어보세요.

....

....

오늘 쓰기

하루 동안 있었던 일 중에서 좋은 일 세 가지를 찾아서 적고, 감사한 마음을 느껴보세요.

1. ....

2. ....

3. ....

용기

용기란 두려움이 없는 것이 아닌

두려움을 이겨내는 것을 말해요.

내면 깊이 다가가 자신에게 이겨낼 힘을 주세요.

바람이 부는 곳에서도, 폭풍우가 몰아치는 밤에도

멋진 꿈을 향해 용기를 낸다면

삶이 주는 가장 진한 보상을 받게 될 거예요.

———————✳———————

따라 읽기

- 나는 항상 내가 지키려는 꿈과 희망에 집중합니다.
- 나는 어떤 상황에서도 침착하고 평화롭게 행동합니다.
- 내게는 역경을 이겨낼 수 있는 지혜와 용기가 있습니다.

따라 쓰기

마음챙김 명상과 시각화 연습

- 눈을 감고 편안한 마음으로 들숨과 날숨에 주의를 기울여보세요.
- 호흡하는 동안 '용기'라는 단어에 집중하며 여러 번 읊조립니다.
- 자신을 위대한 산이나 넓고 푸른 바다라고 상상해보세요. 가슴을 펴고 산이나 바다가 지닌 에너지를 몸 전체로 느껴보세요..

마음챙김 만트라

긍정적인 생각을 심어주는 나만의 문장을 만들어보세요.

....

....

오늘 쓰기

하루 동안 있었던 일 중에서 좋은 일 세 가지를 찾아서 적고, 감사한 마음을 느껴보세요.

1. ....

2. ....

3. ....

22 day
미소

잠시, 시간을 내어 내면의 목소리에 귀를 기울여보세요.

내 마음은 지금 어떤가요.

다정한 자각으로 따뜻한 말을 건네보세요.

지금 내 곁에 사랑하는 사람이 있다면 어떤 말을 해줄까요.

지금 그 이야기를 자신에게 들려주세요.

———————✶———————

(따라 읽기)

· 나는 사랑과 자비로 모든 고통을 치유합니다.
· 날마다 즐거운 마음으로 하루를 맞이합니다.
· 모든 행복은 내 안에서 이루어집니다. 나는 존엄합니다.

(따라 쓰기)

(마음챙김 명상과 시각화 연습)

- 눈을 감고 편안히 호흡하며 들숨과 날숨에 주의를 기울여보세요.
- 가볍게 미소 지으며 편안한 에너지를 몸 전체로 느껴보세요. 미소 짓고 있는 내 모습을 떠올려보세요.
- 내 곁의 사람들을 떠올리며 미소의 에너지를 보내보세요.

(마음챙김 만트라)

긍정적인 생각을 심어주는 나만의 문장을 만들어보세요.

....

....

(오늘 쓰기)

하루 동안 있었던 일 중에서 좋은 일 세 가지를 찾아서 적고, 감사한 마음을 느껴보세요.

1.
....

2.
....

3.
....

부유함

우리는 누구나 부유하고 풍요로운 삶을 꿈꾸죠.

이를 위해선 긍정적인 생각과 낙관성이 필요해요.

그래야 모든 가능성을 받아들일 수 있으니까요.

도움이 되지 않는 나만의 원칙이나 신념은 내려놓아요.

내 생각이 인생의 가장 큰 방해물이 될 수 있어요.

———————— ✳ ————————

따라 읽기

• 나는 내 주변의 모든 긍정적인 에너지를 받아들입니다.

• 내 생각과 신념은 늘 커다란 성공과 풍요를 끌어들입니다.

• 우주는 늘 내가 가진 것보다 더 큰 행복과 부를 가져다줍니다.

따라 쓰기

....

....

....

마음챙김 명상과 시각화 연습

- 편안히 숨을 들이쉬고 천천히 내쉬면서 몸을 이완합니다.
- 숨을 들이쉴 때 우주와 자연, 충만한 커다란 에너지가 들어와 몸 전체로 퍼져 나간다고 상상해보세요.
- 환하고 밝은 빛을 몸 전체로 느껴보세요. 빛의 공간 안에 머물러보세요.

마음챙김 만트라

긍정적인 생각을 심어주는 나만의 문장을 만들어보세요.

....

....

오늘 쓰기

하루 동안 있었던 일 중에서 좋은 일 세 가지를 찾아서 적고, 감사한 마음을 느껴보세요.

1.
....

2.
....

3.
....

이별

어느 날, 미처 생각지도 못한 이별이 찾아온대도
고요히 마음을 추슬러 안녕히 보내드리세요.
당신에게 삶의 온기를 주었던 귀한 분이니
슬픔도, 원망도, 서운함도, 미안함도 다 내려놓아요.
문득 사무치게 그리운 날엔 마음을 다해 축복해주세요.

———————✳———————

따라 읽기

- 내게 오는 모든 인연은 너른 사랑과 지혜를 선물합니다.
- 하루하루가 지날수록 더욱 깊은 평화와 안정이 깃듭니다.
- 내 안의 깊은 감사와 사랑으로 모든 순간을 받아들입니다.

따라 쓰기

마음챙김 명상과 시각화 연습

- 편안한 마음으로 호흡하며 들숨과 날숨으로 현존을 느껴보세요.
- 축복과 자비를 보내고 싶은 누군가를 마음속에 떠올려봅니다.
- 그분의 모습을 그리며 따뜻한 마음으로 '행복하기를', '편안하기를', '축복이 가득하기를' 바라며 기도해주세요.

마음챙김 만트라

긍정적인 생각을 심어주는 나만의 문장을 만들어보세요.

....

....

오늘 쓰기

하루 동안 있었던 일 중에서 좋은 일 세 가지를 찾아서 적고, 감사한 마음을 느껴보세요.

1. ....

2. ....

3. ....

고통

삶의 고통을 수용으로 맞이할 때
괴로움의 파도를 서서히 잠재울 수 있습니다.
내면의 슬픔이나 절망, 불안과 두려움을 그대로 인정해주세요.
당신은 그 어떤 감정보다 더 큰 존재입니다.
모든 것은 지나갑니다.

————*————

따라 읽기

· 나는 고통 속에서 더 큰 삶의 의미를 발견합니다.
· 나는 언제나 신성한 보호와 은총 속에 있습니다.
· 나는 위대하며 내 삶은 풍요와 행복으로 가득합니다.

따라 쓰기

(마음챙김 명상과 시각화 연습)

- 들숨과 날숨에 주의를 기울여 섬세하게 호흡을 알아차려보세요.
- 호흡을 관찰하는 동안 의식을 열어 공간의 소리, 공기의 느낌, 몸의 감각, 그 밖의 모든 경험을 있는 그대로 느껴보세요.
- 마음 안에 일어나는 감정을 있는 그대로 알아차리며 미소로 맞이해보세요.

(마음챙김 만트라)

긍정적인 생각을 심어주는 나만의 문장을 만들어보세요.

....

....

(오늘 쓰기)

하루 동안 있었던 일 중에서 좋은 일 세 가지를 찾아서 적고, 감사한 마음을 느껴보세요.

1. ....

2. ....

3. ....

즐거움

일상의 쉼을 느낄 수 있는 사적인 시간을 만들어보세요.

하루 30분, 나를 위한 '타임아웃'으로 조금은 쉬어가세요.

무엇을 하며 보낼지 먼저 리스트를 작성해봐요.

매일, 마음 산책을 떠나는 거예요.

편안했던 어떤 날처럼, 시간을 되돌려놓아 보세요.

———————✳———————

따라 읽기

· 나는 일상의 사소함에서 즐거움과 행복을 느낍니다.

· 내게 오는 모든 삶은 쉽고, 편안하며, 평화롭습니다.

· 나는 어디서든 만족을 느끼며 모든 것에서 에너지를 얻습니다.

따라 쓰기

- 편안한 자세로 앉아서 숨을 길게 내쉬면서 이완합니다.
- 마음의 눈으로 나만의 산책길을 따라가보세요. 꽃과 하늘, 벤치와 의자, 나무와 바람, 햇살을 만들어보세요.
- 마음의 공간 안에서 편안히 걸으며 주변을 둘러보세요. 즐겁고 평화로운 에너지를 충만하게 느껴보세요.

마음챙김 만트라

긍정적인 생각을 심어주는 나만의 문장을 만들어보세요.

....

....

오늘 쓰기

하루 동안 있었던 일 중에서 좋은 일 세 가지를 찾아서 적고, 감사한 마음을 느껴보세요.

1.
....

2.
....

3.
....

어린 시절을 다시 떠올려보세요.

좋아했던 음식, 놀이, 노래, 친구, 추억이 깃든 장소를요.

그때 좋아했던 노래를 불러보세요.

당신이 좋아했던 것들을 다시 데리고 와봐요.

어린 시절의 '나'에게도 인사를 나눠보세요.

"안녕, 넌 정말 소중한 아이야. 앞으로도 그럴 거야."

———————✳———————

(따라 읽기)

• 나는 항상 긍정적인 방향으로 성장하고 있습니다.
• 내가 느낀 행복한 순간들은 내 삶을 풍요롭게 합니다.
• 내 삶은 행복한 순간들과 소중한 사람들로 가득합니다.

(따라 쓰기)

마음챙김 명상과 시각화 연습

- 편안하게 앉아서 몇 차례 부드럽게 심호흡을 합니다.
- 호흡과 함께 즐겁고 행복했던 순간을 떠올려보세요.
- 마음의 눈으로 그 순간을 온전히 느껴보세요. 마치 그곳에 있는 듯 오감으로 세세하게 주의를 기울여 둘러보세요. 나만의 공간이 주는 편안함과 안정감을 충분히 느껴봅니다.

마음챙김 만트라

긍정적인 생각을 심어주는 나만의 문장을 만들어보세요.

....

....

오늘 쓰기

하루 동안 있었던 일 중에서 좋은 일 세 가지를 찾아서 적고, 감사한 마음을 느껴보세요.

1.
....

2.
....

3.
....

언제든 고마운 순간은 내 곁에 있어요. 물론 괴로움도 있지만요.

내 마음이 어딜 향해 있는가가 중요하죠.

누군가의 배려와 친절을 잊지 마세요.

그때마다 고마움을 아끼지 말고 표현해봐요.

'기분 좋은 하루였어'라고 말할 수 있는 시간들을 늘려가보세요.

————————✳————————

┌─────────┐
│ 따라 읽기 │
└─────────┘

- 내 삶에는 감사와 고마움이 가득합니다.
- 나의 배려와 친절은 더 큰 사랑으로 돌아옵니다.
- 내 곁엔 항상 나를 아끼고 사랑하는 소중한 사람들이 있습니다.

┌─────────┐
│ 따라 쓰기 │
└─────────┘

....

....

....

- 눈을 감고 편안히 호흡하며 들숨과 날숨에 주의를 기울입니다.
- 고마웠던 순간을 마음의 눈으로 그려보세요. 장소나 상황, 서로 나눈 대화를 떠올려보세요.
- 지금 그 순간에 있다고 느껴보며, 전하고 싶은 말이나 행동을 그려보세요.

마음챙김 만트라

긍정적인 생각을 심어주는 나만의 문장을 만들어보세요.

....

....

오늘 쓰기

하루 동안 있었던 일 중에서 좋은 일 세 가지를 찾아서 적고, 감사한 마음을 느껴보세요.

1.
....

2.
....

3.
....

29 day
선한 힘

불편하게 여기는 어떤 상황이나 누군가의 행동이 있다면

이젠 '기꺼이 수용합니다'라고 다짐해보세요.

수용이란 스스로 '허락'하는 열린 마음이에요.

수용 계획을 세워 하나씩 실천해보세요.

나를 따라다니는 고통도 괴로움도 절반으로 줄 거예요.

———————✳———————

(따라 읽기)

• 나는 늘 긍정적으로 보고 듣고 느낍니다.
• 나는 모든 감정을 있는 그대로 받아들입니다.
• 나는 모든 사람의 가치를 고르게 존중하고 수용합니다.

(따라 쓰기)

....

....

....

(마음챙김 명상과 시각화 연습)

- 편안하게 앉아 들숨과 날숨에 가만히 주의를 기울여보세요.
- 불편하게 느꼈던 상황이나 누군가의 행동을 떠올려보세요.
- 부드럽게 호흡하면서 이 순간에 느껴지는 감정을 있는 그대로 알아차려보세요. 감정을 알아차리는 순간 '그래, 이 감정이 있구나'라고 허락해보세요.

(마음챙김 만트라)

긍정적인 생각을 심어주는 나만의 문장을 만들어보세요.

....

....

(오늘 쓰기)

하루 동안 있었던 일 중에서 좋은 일 세 가지를 찾아서 적고, 감사한 마음을 느껴보세요.

1.
....

2.
....

3.
....

시작과 끝

인생이라는 어느 지점에 있든,

크고 작은 여러 장애물을 만나게 되죠.

정상으로 갈수록 더 큰 인내심이 필요한 순간들을 만나죠.

그때마다 그 지점에서 배울 점을 찾아서 경험을 쌓아야 해요.

포기하지만 않는다면 반드시 산 아래를 볼 수 있을 거예요.

———— ✳ ————

따라 읽기

- 나는 굳건한 의지로 성공을 향해 나아갑니다.
- 나는 모든 상황에서 내가 할 수 있는 최선을 다합니다.
- 지금의 경험은 성공과 행복을 얻기 위한 값진 수고입니다.

따라 쓰기

마음챙김 명상과 시각화 연습

- 편안한 마음으로 호흡을 알아차리며 숨결의 리듬을 느껴보세요.
- 호흡을 알아차리며 입가에 미소를 지어보세요. 미소의 에너지를 온몸으로 느껴보세요.
- 몸 안 가득히 퍼지는 미소의 에너지를 느껴보세요. 미소와 함께 자신의 미래를 위해 축복의 메시지를 보내주세요.

마음챙김 만트라

긍정적인 생각을 심어주는 나만의 문장을 만들어보세요.

....

....

오늘 쓰기

하루 동안 있었던 일 중에서 좋은 일 세 가지를 찾아서 적고, 감사한 마음을 느껴보세요.

1. ....

2. ....

3. ....

31 day

고요함

이런저런 일로 마음이 복잡하고 소란스러울 때는
가만히 눈을 감고 어떤 생각들이 지나가는지 관찰해보세요.
도대체 무슨 생각이 나를 괴롭히는지 찾아서 적어보세요.
그래야 그 생각들이 떠오를 때마다
'그래, 이런 생각이 있구나. 그렇구나' 하며 흘려보낼 수 있어요.

따라 읽기

- 나는 언제든 침착하고 차분하게 행동합니다.
- 나는 내 감정을 잘 헤아려 유연하게 대처합니다.
- 내 생각은 늘 삶에 대한 긍정적인 태도를 만듭니다.

따라 쓰기

마음챙김 명상과 시각화 연습

- 편안한 자세로 앉아 호흡하며 숨을 내쉬면서 몸을 이완합니다.
- 내 마음에 떠오르는 생각을 가만히 관찰해보세요. 생각을 알아차리면 그냥 흘려 보내세요. 마치 하늘에 떠다니는 구름처럼 지나가게 두세요.
- 마음에 일어나는 생각을 구름 위에 띄어 흘려 보내도 좋아요. 생각이 일어날 때마다 반복해보세요.

마음챙김 만트라

긍정적인 생각을 심어주는 나만의 문장을 만들어보세요.

....

....

오늘 쓰기

하루 동안 있었던 일 중에서 좋은 일 세 가지를 찾아서 적고, 감사한 마음을 느껴보세요.

1.
....

2.
....

3.
....

나를 잘 모르는 사람들 말에 일일이 신경 쓰지 마세요.

어차피 내 마음대로 바꿀 수 있는 것도 아니니까요.

당신 곁의 소중한 사람들, 좋아하는 것들에 집중하며

친숙하고 익숙했던 일상에 머물러봐요.

이제, 그만 떨쳐버려요.

———————✳———————

따라 읽기

- 나를 사랑하는 소중한 사람들로 내 삶은 충만합니다.
- 내가 있는 곳에선 늘 즐거움과 기쁨이 가득합니다.
- 좋은 사람들과의 인연으로 축복받은 인생입니다.

따라 쓰기

....

....

....

마음챙김 명상과 시각화 연습

- 편안히 앉아 들숨과 날숨으로 몇 차례 몸의 긴장을 내려놓으세요.
- 최근 있었던 기분 좋은 일을 떠올려보세요. 그 순간을 마음의 눈으로 상세하게 그려보세요.
- 누군가의 미소와 웃음, 즐거운 에너지, 편안하고 기분 좋은 공간의 느낌을 마음에 가득히 담아보세요.

마음챙김 만트라

긍정적인 생각을 심어주는 나만의 문장을 만들어보세요.

....

....

오늘 쓰기

하루 동안 있었던 일 중에서 좋은 일 세 가지를 찾아서 적고, 감사한 마음을 느껴보세요.

1.
....

2.
....

3.
....

공감

완벽하게 누군가의 마음을 헤아릴 순 없지만
공감 능력을 키우면 이해심도 커지고 배려도 깊어지죠.
'왜 그럴까?'라는 생각은 누구나 하지만
상대방이 처한 상황까지 살피는 너른 마음은 아무나 할 수 없죠.
이런 사람이 내 곁에 있다면 당신은 행운아예요.

———————✳———————

(따라 읽기)

• 나의 마음은 모두에게 고르게 열려 있습니다.
• 나는 우리 가족의 마음을 충분히 이해하고 공감합니다.
• 내게 오는 사람들은 따뜻하고 친절하며, 나 또한 그렇습니다.

(따라 쓰기)

....

....

....

마음챙김 명상과 시각화 연습

- 눈을 감고 편안한 마음으로 들숨과 날숨의 리듬을 느껴보세요.
- 호흡을 가만히 알아차리며 마음으로 축복을 보내고 싶은 대상을 한 명씩 떠올려보세요.
- 숨결 따라 '편안하기를', '건강하기를', '고통이 지나가기를' '소망이 이루어지기를' 바라는 마음으로 소중한 분들을 축복해주세요.

마음챙김 만트라

긍정적인 생각을 심어주는 나만의 문장을 만들어보세요.

....

....

오늘 쓰기

하루 동안 있었던 일 중에서 좋은 일 세 가지를 찾아서 적고, 감사한 마음을 느껴보세요.

1.
....

2.
....

3.
....

34 day
슬픔

슬픔을 잊기 위해 애쓰기보다는 그대로 인정하도록 해요.

울컥 눈물이 나는 날에는 그냥 실컷 울어요.

나까지 내 마음을 참으라고 하지 말아요.

편안한 친구처럼 마음을 헤아려주세요.

다시 평화가 깃들 때까지 한동안 잘 해주세요.

———*———

(따라 읽기)

• 나를 돌보는 힘은 고통 속에서 더욱 강해집니다.
• 내게는 고통을 치유하는 무한한 자비와 사랑이 있습니다.
• 나는 내 인생의 모든 행복과 풍요를 누릴 자격이 있습니다.

(따라 쓰기)

- 편안하게 앉아서 몇 차례 부드럽게 호흡하며 이완합니다.
- 자애로움이나 편안함을 주는 대상(영적 존재, 가족, 멘토, 친구, 사랑하는 사람 등)을 떠올립니다.
- 마음의 눈으로 그분의 모습을 그려보세요. 조건 없는 사랑으로 당신 곁에 있음을 느껴봅니다. 무한한 사랑 에너지를 마음 가득 담아보세요.

마음챙김 만트라

긍정적인 생각을 심어주는 나만의 문장을 만들어보세요.

....

....

오늘 쓰기

하루 동안 있었던 일 중에서 좋은 일 세 가지를 찾아서 적고, 감사한 마음을 느껴보세요.

1.
....

2.
....

3.
....

가슴 안에 품고 있는 당신의 꿈을 향해 나아가세요.

걱정만 하고 있다면 한 걸음도 나아갈 수 없어요.

자신을 멈추게 하는 여러 이유를 선택하는 대신

'할 수 있다!'는 마음으로 도전하세요.

지금이 바로 그때예요.

————————✳————————

(따라 읽기)

- 내게는 확고한 신념과 자신감이 있습니다.
- 나는 끈기와 집념으로 일을 끝까지 해냅니다.
- 내겐 성공에 필요한 모든 잠재능력이 있습니다.

(따라 쓰기)

마음챙김 명상과 시각화 연습

- 눈을 감고 편안한 마음으로 들숨과 날숨에 주의를 기울여보세요.
- 지금 걱정하거나 염려하는 그 일을 자신감 있게 해내는 모습을 떠올립니다. 한 단계씩 이루어나가는 자신의 모습을 상상해보세요.
- 들숨보다 날숨을 천천히 길게 내쉬면서 긴장을 놓아주세요.

마음챙김 만트라

긍정적인 생각을 심어주는 나만의 문장을 만들어보세요.

....

....

오늘 쓰기

하루 동안 있었던 일 중에서 좋은 일 세 가지를 찾아서 적고, 감사한 마음을 느껴보세요.

1.
....

2.
....

3.
....

외롭거나 두려울 때,

행복과 풍요로 충만할 때,

그 모든 곳에 신, 우주, 삶에 가득한 사랑이

곁에 있음을 느껴보세요.

당신은 충분히 그만한 가치가 있는 사람이란 걸 잊지 마세요.

———— ✳ ————

따라 읽기

- 나는 언제나 신성한 보호 속에 있습니다.
- 내 삶엔 은총과 사랑, 축복이 가득합니다.
- 내 곁에 있는 사람들의 사랑으로 나날이 행복한 삶입니다.

따라 쓰기

....

....

....

(마음챙김 명상과 시각화 연습)

- 편안한 마음으로 몇 차례 호흡하며 숨결을 느껴보세요.
- 당신을 완전히 이해하고 조건 없는 사랑을 보여주시는 무한한 대상을 떠올리며 위로와 격려를 받아보세요.
- 숨을 들이쉬고 내쉴 때마다 충만한 사랑과 은총이 온몸 가득해짐을 느껴보세요.

(마음챙김 만트라)

긍정적인 생각을 심어주는 나만의 문장을 만들어보세요.

....

....

(오늘 쓰기)

하루 동안 있었던 일 중에서 좋은 일 세 가지를 찾아서 적고, 감사한 마음을 느껴보세요.

1. ....

2. ....

3. ....

기쁨

새로운 시작을 준비하나요?

'도저히 잘 해낼 자신이 없어'라는 생각을 믿어버리면

두려움과 걱정은 눈덩이처럼 커질 거예요.

언제나 비극적인 시나리오를 쓰고 있는 것은 아닌지요.

자신을 해피엔딩의 주인공으로 만들어보세요.

———————✳———————

[따라 읽기]

- 새로운 시작마다 좋은 인연과 행운이 함께합니다.
- 내가 바라는 모든 소망이 하나씩 이루어지고 있습니다.
- 내가 하는 일에는 기쁨과 즐거움이 가득합니다.

[따라 쓰기]

- 편안히 호흡에 주의를 기울이며 숨결의 느낌을 알아차려보세요.
- 밝고 환한 태양의 이미지를 그려보세요. 태양의 에너지가 온몸 가득히 채워진다고 상상해보세요.
- 밝고 환한 기운 속에 있는 자신의 모습을 그려보며 편안한 호흡으로 현존을 느껴보세요.

마음챙김 만트라

긍정적인 생각을 심어주는 나만의 문장을 만들어보세요.

....

....

오늘 쓰기

하루 동안 있었던 일 중에서 좋은 일 세 가지를 찾아서 적고, 감사한 마음을 느껴보세요.

1.
....

2.
....

3.
....

기대

좋은 기대와 설렘으로 하루를 시작해보세요.

근사한 일이 일어날 것만 같은 두근거림으로 길을 나서봐요.

"오늘은 왠지 좋은 일이 있을 것만 같아."

인생의 행운은 우연으로 이루어지는 것이 아니라,

자신을 위한 노력과 확신으로 이루어집니다.

———————✳———————

(따라 읽기)

- 나는 매일 즐거운 마음으로 하루를 시작합니다.
- 나는 내가 바랄 때마다 필요한 것을 얻게 됩니다.
- 나의 선택은 더 많은 기회와 좋은 인연을 불러옵니다.

(따라 쓰기)

....

....

....

- 눈을 감고 편안히 호흡하며 들숨과 날숨에 주의를 기울여보세요.
- 가볍게 미소 지으며 미소의 에너지를 몸 전체로 느낍니다. 미소 짓고 있는 내 모습을 그려보세요.
- 내 몸 전체가 미소 짓고 있다고 상상합니다. 숨결과 함께 긍정 에너지가 온 몸에 가득해짐을 느껴보세요.

마음챙김 만트라

긍정적인 생각을 심어주는 나만의 문장을 만들어보세요.

....

....

오늘 쓰기

하루 동안 있었던 일 중에서 좋은 일 세 가지를 찾아서 적고, 감사한 마음을 느껴보세요.

1.
....

2.
....

3.
....

원하는 것을 얻기 위해서는 용기가 필요합니다.

'과연', '글쎄', '언젠가', '다음에'

당신이 꿈을 향해 갈 때 무시해야 할 금기어입니다.

완벽하게 준비될 때까지 기다리지 마세요.

경험해 나가면서 완벽해지세요.

그래야 최고가 될 수 있습니다.

———————✳———————

따라 읽기

• 나는 열정과 의지로 끝까지 최선을 다 해냅니다.

• 두려움은 내게 커다란 감내 능력을 선물합니다.

• 나는 주변과 협력하여 더 큰 성공을 이루어냅니다.

따라 쓰기

- 편하게 앉아 들숨과 날숨의 느낌이나 감각을 알아차려보세요.
- 몸을 전체적으로 자각하며 현존하는 순간을 그대로 느껴봅니다.
- 평소 바라는 자신의 모습을 상상해보세요. 담대하고 편안하게 모든 일을 해내는 모습을 마음의 눈으로 그려보세요.

마음챙김 만트라

긍정적인 생각을 심어주는 나만의 문장을 만들어보세요.

....

....

오늘 쓰기

하루 동안 있었던 일 중에서 좋은 일 세 가지를 찾아서 적고, 감사한 마음을 느껴보세요.

1. ....

2. ....

3. ....

마음의 고통은 판단하는 마음에서 일어납니다.

자신의 경험을 단순하게 받아들일 때

경험으로부터 배울 수 있으며

나를 구속하던 많은 것들로부터 자유로워질 수 있습니다.

마음의 평화를 원한다면 '수용'을 선택해보세요.

——————————＊——————————

(따라 읽기)

- 나는 어디서든 경험에 개방적이며 수용적입니다.
- 나는 삶으로부터 온전한 수용과 사랑을 배웁니다.
- 내 마음은 누구에게든, 어떤 상황에서든 고르게 열려 있습니다.

(따라 쓰기)

....

....

....

- 들숨과 날숨에 집중하며 호흡과 온몸을 하나로 느껴봅니다.
- 몸을 섬세하게 알아차리며 손과 발, 가슴과 등, 목과 어깨, 얼굴 등으로 주의를 옮겨가면서 신체 감각을 느껴보세요.
- 숨을 들이쉬고, 천천히 내쉬면서 '나는 나를 수용합니다', '나는 이 상황을 수용합니다'라고 말하며 편안히 이완하세요.

마음챙김 만트라

긍정적인 생각을 심어주는 나만의 문장을 만들어보세요.

....

....

오늘 쓰기

하루 동안 있었던 일 중에서 좋은 일 세 가지를 찾아서 적고, 감사한 마음을 느껴보세요.

1.
....

2.
....

3.
....

불안

미래를 온통 부정적으로 생각하면 불안만 커질 뿐이에요.

이때는 '어떻게 하면 잘 해결할 수 있을까'를 생각해보세요.

불안은 잘못된 감정이 아니예요.

마음의 손님처럼 자주 찾아오는 감정이지요.

다양한 대안과 해결책을 마련해 가며 잘 맞이해보세요.

———————✳︎———————

(따라 읽기)

• 불안은 나를 더욱 성장시키는 소중한 감정입니다.

• 나는 경험을 통해 배우며 나날이 성장하고 있습니다.

• 나는 내 앞에 놓인 모든 일을 지혜롭게 헤쳐 나갑니다.

(따라 쓰기)

(마음챙김 명상과 시각화 연습)

- 눈을 감고 편안한 마음으로 들숨과 날숨에 주의를 기울여보세요.
- 호흡과 함께 '이완', '평화'라고 천천히 읊조리며 집중해보세요.
- 한 손을 가슴에 얹거나 양손으로 어깨를 감싸며 다독이거나 쓰다듬으며 '이완'과 '평화'를 소리 내어 여러 번 말해보세요.

(마음챙김 만트라)

긍정적인 생각을 심어주는 나만의 문장을 만들어보세요.

....

....

(오늘 쓰기)

하루 동안 있었던 일 중에서 좋은 일 세 가지를 찾아서 적고, 감사한 마음을 느껴보세요.

1.
....

2.
....

3.
....

성취

어떤 일에서든 문제점보단 가능성에 관해 이야기해보세요.

문젯거리만 생각하다 보면 걱정만 키우게 됩니다.

어려움을 극복해 나가야 강인함도 얻을 수 있습니다.

아무도 가지 않은 그런 길은 없습니다.

꿋꿋하게 어깨를 펴고 나아가보세요.

―――――＊―――――

따라 읽기

- 나는 도전을 즐기며 열정으로 헤쳐 나갑니다.
- 내 삶은 어딜 가든 행운과 성공이 따라옵니다.
- 나의 긍정적인 태도는 더 큰 기쁨과 성공을 가져다줍니다.

따라 쓰기

....

....

....

마음챙김 명상과 시각화 연습

- 눈을 감고 편안한 마음으로 들숨과 날숨에 주의를 기울여보세요.
- 숨을 들이쉬고 길게 내쉬면서 날숨으로 걱정과 염려가 발끝을 통해 빠져나간다고 상상해보세요.
- 호흡의 리듬에 따라 숨결을 알아차리며 천천히 몸의 긴장을 내려놓으면서 이완합니다.

마음챙김 만트라

긍정적인 생각을 심어주는 나만의 문장을 만들어보세요.

....

....

오늘 쓰기

하루 동안 있었던 일 중에서 좋은 일 세 가지를 찾아서 적고, 감사한 마음을 느껴보세요.

1.
....

2.
....

3.
....

책임감

삶의 모든 순간에 평온함을 유지한다면 정말 좋을 텐데요.

힘겨운 일을 만나면 하루에도 몇 번씩 마음이 흔들립니다.

어떤 이유에서든 해야 할 일이라면

담대하게 직면해보세요.

그래야 구름 저편에 있는 태양을 볼 수 있어요.

———————✳———————

따라 읽기

- 나는 언제나 문제가 아닌 가능성을 봅니다.
- 내 안의 위대한 힘은 어려움 속에서 빛이 납니다.
- 모든 경험은 나름의 의미와 가치가 있음을 배웁니다.

따라 쓰기

....

....

....

마음챙김 명상과 시각화 연습

- 눈을 감고 편안한 마음으로 호흡하며 몸을 느슨하게 해주세요.
- 당신이 바라는 자신의 모습을 마음의 눈으로 그려보세요. 담대하게 잘 해내는 모습을 상상해보세요.
- 호흡을 알아차리며 숨을 들이쉴 때 발끝을 통해 대지의 에너지가 들어와 온몸 가득 채워지고 있다고 상상해보세요.

마음챙김 만트라

긍정적인 생각을 심어주는 나만의 문장을 만들어보세요.

....

....

오늘 쓰기

하루 동안 있었던 일 중에서 좋은 일 세 가지를 찾아서 적고, 감사한 마음을 느껴보세요.

1.
....

2.
....

3.
....

가끔은 몸이 아프고 무척 힘든 날이 있어요.

어쩌면 이는 내 마음이 보내는 시그널일 수 있습니다.

내 몸은 감정의 통로와 같아요.

평소 감정을 억누르고 지냈다면 몸에 여러 증상이 오기도 해요.

이때는 하고픈 걸 하면서 충분히 쉬어주세요.

───────✳───────

(따라 읽기)

• 나는 내 몸을 아끼며 사랑으로 돌봅니다.

• 내 몸은 강한 생명력과 치유의 에너지로 가득합니다.

• 내면의 평온하고 편안한 마음은 내 몸에 활력을 줍니다.

(따라 쓰기)

....

....

....

(마음챙김 명상과 시각화 연습)

- 들숨과 날숨에 주의를 기울이며 편안히 호흡합니다.
- 몸의 각 부위를 관찰하며 그 느낌이나 감각을 알아차려보세요.
- 몸을 알아차리며 '내 몸이 편안하기를', '내 마음이 평화롭기를', '내가 치유되기를' 바라며 여러 번 문장을 읊조립니다.

(마음챙김 만트라)

긍정적인 생각을 심어주는 나만의 문장을 만들어보세요.

....

....

(오늘 쓰기)

하루 동안 있었던 일 중에서 좋은 일 세 가지를 찾아서 적고, 감사한 마음을 느껴보세요.

1.
....

2.
....

3.
....

성공은 그냥 오지 않습니다.

내가 마음을 내고 움직여야 삶이 달라질 수 있어요.

새로운 시작은 늘 우리 곁에 있답니다. 선택만 남았죠.

열정의 불꽃으로 멋진 인생의 스토리를 만들어봐요.

나를 따라다니는 알 수 없는 불안이 느껴질 때는

세상으로 나가는 당신에게 힘이 되는 말을 해주세요.

———————＊———————

따라 읽기

- 내 삶은 나의 의도대로 실현됩니다.
- 내 삶은 설렘과 열정, 기쁨으로 가득합니다.
- 새로운 시작마다 더 큰 기회와 성공을 불러옵니다.

따라 쓰기

(마음챙김 명상과 시각화 연습)

- 눈을 감고 편안히 호흡하며 들숨과 날숨을 알아차려보세요.
- 지금, 이 순간 마음에서 일어나는 감정을 알아차리고 있는 그대로 허락해보세요. 어떤 감정이든 '그래'라고 말하며 인정해보세요.
- 호흡과 함께 자신에게 힘이 되는 긍정의 메시지를 보내주세요. 여러 번 읊조리며 반복해서 말해주세요.

(마음챙김 만트라)

긍정적인 생각을 심어주는 나만의 문장을 만들어보세요.

....

....

(오늘 쓰기)

하루 동안 있었던 일 중에서 좋은 일 세 가지를 찾아서 적고, 감사한 마음을 느껴보세요.

1.
....

2.
....

3.
....

성장

어딜 향하든 자신만의 발걸음으로 나아가세요.

다른 사람과 계속 비교하다 보면 내 행복이 줄어들어요.

비교하는 마음은 자신을 불행하게 만들 뿐이죠.

다른 사람이 바라보는 내 모습이 아닌,

내가 바라보는 '나'에 초점을 두고

어깨를 토닥이며 한 걸음 더 내딛어보세요.

―――――✳―――――

(따라 읽기)

• 나는 내가 원하는 최고의 삶을 향해 계속 나아갑니다.

• 내가 원할 때마다 기대한 모든 일이 쉽게 이루어집니다.

• 나의 가치는 나로부터 실현되며, 나는 끊임없이 성장합니다.

(따라 쓰기)

....

....

....

(마음챙김 명상과 시각화 연습)

- 편안히 앉아 몇 차례 숨을 들이쉬고 내쉬며 이완합니다.
- 아름다운 자연의 풍광 속에 있는 자신의 모습을 마음의 눈으로 그려보세요.
- 숨을 들이쉬고 내쉴 때마다 자연의 위대한 에너지가 온몸으로 퍼져 나가는
  것을 느껴보세요.

(마음챙김 만트라)

긍정적인 생각을 심어주는 나만의 문장을 만들어보세요.

....

....

(오늘 쓰기)

하루 동안 있었던 일 중에서 좋은 일 세 가지를 찾아서 적고, 감사한 마음을 느
껴보세요.

1.
....

2.
....

3.
....

47 day
자기친절

자기 비난은 오래되어 몸에 붙어버린 단단한 갑옷과도 같아요.

익숙한 말로 속삭이며 자아의 힘을 빼앗아버리죠.

녹슬고 무거운 갑옷을 벗어버릴 수 있는 묘약은

스스로에 대한 따뜻한 관심과 사랑입니다.

나를 더 사랑하고 믿고 아껴주세요.

———————✳———————

(따라 읽기)

• 나는 나를 존중하며 조건 없이 사랑합니다.
• 나는 실수를 통해 더 많이 배우고 성장합니다.
• 내 주변 사람들은 힘이 되고, 친절하며, 믿음직스럽습니다.

(따라 쓰기)

- 들숨과 날숨에 주의를 기울이며 숨결의 느낌을 알아차려보세요.
- 한 손을 가슴에 얹고 '자비', '사랑', '친절', '수용'의 단어를 받아들이며 천천히 읊조립니다.
- 호흡과 함께 '자비', '사랑', '친절', '수용'의 단어에 가득한 긍정의 에너지가 자신을 감싸고 있다고 상상해보세요.

마음챙김 만트라

긍정적인 생각을 심어주는 나만의 문장을 만들어보세요.

....

....

오늘 쓰기

하루 동안 있었던 일 중에서 좋은 일 세 가지를 찾아서 적고, 감사한 마음을 느껴보세요.

1.
....

2.
....

3.
....

여유

어떤 사회적 의무감이나 역할에서 벗어나
내 몸과 마음을 돌보는 소소한 시간을 내어보세요.
인생에는 이런저런 일을 해내는 것보다
훨씬 더 소중하게 지켜주어야 할 순간들이 있어요.
그게 바로 나와의 시간입니다.

———————✳———————

따라 읽기

- 내겐 삶이 주는 사랑과 축복, 풍요가 가득합니다.
- 내 삶은 매일 더 여유롭고 편안하며 안정적입니다.
- 나와 가족, 내 곁의 소중한 사람들과의 행복이 날로 커집니다.

따라 쓰기

- 편안하게 호흡하며 들숨과 날숨의 리듬을 느껴보세요.
- 좋아하는 곳에서 사랑하는 사람들과 있는 자신의 모습을 상상해보세요. 그 곳을 마음의 눈으로 둘러보며 오감으로 느껴보세요.
- 호흡과 함께 '평화가 가득하길', '행복이 가득하길', '사랑이 가득하길' 바라 는 마음으로 문장을 천천히 읊조려봅니다.

마음챙김 만트라

긍정적인 생각을 심어주는 나만의 문장을 만들어보세요.

....

....

오늘 쓰기

하루 동안 있었던 일 중에서 좋은 일 세 가지를 찾아서 적고, 감사한 마음을 느 껴보세요.

1.
....

2.
....

3.
....

행운을 마냥 기다리기보다 행복한 기운을 스스로 만들어보세요.

매일 자신을 행운의 주인공으로 만들어봐요.

평범해 보이는 순간도 특별한 순간으로 바꿔보는 거예요.

'역시 난 행운아야', '정말 멋진 순간이야'라고 자주 말해보세요.

늘 행운이 당신을 뒤따르게 해보세요.

더 큰 행운이 곧 당신을 따를 거예요.

―――――＊―――――

[따라 읽기]

- 나는 늘 새로운 행복을 만들어나갑니다.
- 내게 오는 모든 순간은 즐겁고 특별합니다.
- 나는 나만의 속도로 삶을 즐기며 어디서든 행복을 창조합니다.

[따라 쓰기]

....

....

....

마음챙김 명상과 시각화 연습

- 편안히 앉아 코로 들이쉬고 입으로 내쉬는 방법으로 긴장을 이완합니다.
- 들숨과 날숨의 느낌과 감각을 알아차려보세요. 편안하게 호흡의 리듬을 따라갑니다.
- 숨결의 느낌, 몸의 감각, 공간의 소리, 지금의 순간을 온전히 알아차려보세요. '나는 지금 행복합니다'라고 말하며 편안한 에너지를 충분히 느껴보세요.

마음챙김 만트라

긍정적인 생각을 심어주는 나만의 문장을 만들어보세요.

....

....

오늘 쓰기

하루 동안 있었던 일 중에서 좋은 일 세 가지를 찾아서 적고, 감사한 마음을 느껴보세요.

1.
....

2.
....

3.
....

확신

모든 일은 시작하기 전에는 모두가 두려움을 느껴요.

정말로 확신을 얻고 싶다면, 일단 시작해봐요.

생각이 지어내는 세상 밖으로 나와 열정을 뿜어내보세요.

사실 마음 깊은 곳에는 '잘 해내고 싶어'라는 소망이 있잖아요.

그러니 자신에게 새로운 경험과 기회를 주세요

———— ✳ ————

(따라 읽기)

- 나의 선택은 더 큰 성장의 기회를 선물합니다.
- 늘 성공은 나로부터 시작됩니다. 나는 나를 믿습니다.
- 오늘의 기대와 확신은 미래를 바꾸는 위대한 힘입니다.

(따라 쓰기)

마음챙김 명상과 시각화 연습

- 눈을 감고 편안한 마음으로 들숨과 날숨을 알아차려보세요.
- 이제, 모든 일을 즐겁게 해내는 자신의 모습을 그려봅니다. 원하는 대로 이루어가는 모습을 구체적으로 상상해보세요.
- 이미지 속의 자신에게 축복과 격려, 지지의 말을 보내보세요. 긍정의 에너지를 가득히 느껴보세요.

마음챙김 만트라

긍정적인 생각을 심어주는 나만의 문장을 만들어보세요.

....

....

오늘 쓰기

하루 동안 있었던 일 중에서 좋은 일 세 가지를 찾아서 적고, 감사한 마음을 느껴보세요.

1.
....

2.
....

3.
....

51 day
우울

마음이 울적할 때는 따뜻한 위로가 필요해요.

차갑고 날카로운 말은 마음을 더욱 아프게 만들죠.

자신의 사소한 실수는 그냥 모른 척 넘어가주세요.

모든 일에 하나하나 신경을 쓰지 말아요.

매번 조금 더 내려놓는다면 내 삶에 어떤 변화가 올까요?

———— ✳ ————

[따라 읽기]

• 슬픔은 내게 삶의 통찰과 지혜를 선물합니다.
• 모든 일은 무엇이든 그만큼의 의미와 가치가 있습니다.
• 나는 주어진 상황을 피하지 않고 있는 그대로 인정합니다.

[따라 쓰기]

마음챙김 명상과 시각화 연습

- 편안히 호흡에 주의를 기울이며 들숨과 날숨을 느껴보세요.
- 숨을 들이쉬고 내쉴 때 '나는 이 슬픔을 허락합니다'라고 말하며 마음을 열어 받아들입니다.
- 자애로운 힘이 자신을 감싸고 있음을 느껴봅니다. 숨을 들이쉬고 길게 내쉬며 이완합니다.

마음챙김 만트라

긍정적인 생각을 심어주는 나만의 문장을 만들어보세요.

....

....

오늘 쓰기

하루 동안 있었던 일 중에서 좋은 일 세 가지를 찾아서 적고, 감사한 마음을 느껴보세요.

1.
....

2.
....

3.
....

몸과 마음이 지친 날에는 하늘과 바람, 햇살에 나를 맡겨보세요.

너무 애쓰지 말아요. 인생은 긴 여행과 같아요.

호흡과 리듬을 잘 조절해야 지지치 않아요.

이런 날엔 수고한 나에게 작은 선물을 준비해주세요.

소소한 보상으로 나를 응원해주세요.

———————✳———————

따라 읽기

- 나는 작은 일상도 소중하게 느끼며 삶을 즐깁니다.
- 모든 평화와 행복은 나의 내면으로부터 시작됩니다.
- 내 안의 치유와 회복의 힘은 나날이 더욱 커집니다.

따라 쓰기

- 눈을 감고 편안한 마음으로 들숨과 날숨에 주의를 기울입니다.
- 숨을 들이쉬고 내쉴 때 '치유', '회복', '안정'이라는 단어에 집중하며 여러 번 읊조려보세요.
- 자신이 밝고 환한 치유의 빛 속에 있다고 상상해보세요. 내 몸 전체가 밝게 빛나고 있음을 느껴보세요.

마음챙김 만트라

긍정적인 생각을 심어주는 나만의 문장을 만들어보세요.

....

....

오늘 쓰기

하루 동안 있었던 일 중에서 좋은 일 세 가지를 찾아서 적고, 감사한 마음을 느껴보세요.

1. ....

2. ....

3. ....

능력

남들을 따라하기보다는 지금 내게 필요한 능력을 키워보세요.

자신을 바꿀 수 있는 사람은 오직 '나'뿐이에요.

집중하는 시간만큼 '차이'는 커질 거예요.

천천히 즐기다 보면 어느새 놀라운 능력이 자라 있을 거예요.

좋아하고 즐길 수 있어야 완전한 내 것이 됩니다.

———————*———————

따라 읽기

• 나는 내 안의 좋은 면을 찾아 강점으로 만들어냅니다.

• 나는 변화에 능동적이며 새로움을 즐기고 창조합니다.

• 매번 새로운 도전마다 더 큰 잠재능력을 발견하게 됩니다.

따라 쓰기

....

....

....

마음챙김 명상과 시각화 연습

- 눈을 감고 편안한 마음으로 들숨과 날숨을 알아차려보세요.
- 호흡의 리듬을 느끼며 자신이 원하는 최종 목표에 도달한 모습을 그려보세요. 성취감으로 충만한 자신을 상상해보세요.
- 숨을 들이쉬고 내쉴 때마다 긍정의 메시지를 읊조리며 밝은 기운을 온몸으로 느껴봅니다.

마음챙김 만트라

긍정적인 생각을 심어주는 나만의 문장을 만들어보세요.

....

....

오늘 쓰기

하루 동안 있었던 일 중에서 좋은 일 세 가지를 찾아서 적고, 감사한 마음을 느껴보세요.

1.
....

2.
....

3.
....

당신은 어떤 순간에 설레임을 느끼나요?

자신에게 작은 두근거림을 주는 그런 일들을 찾아보세요.

지난 시간을 가만히 떠올려보세요.

어린 시절 좋아했던 것부터 하나씩 재발견해봐요.

리스트를 만들어놓고, 우선순위를 정한 후 다시 시작해보세요.

———————✳———————

따라 읽기

- 나는 현재의 순간을 알아차리며 즐겁게 맞이합니다.
- 내게 주어진 아름답고 멋진 인생에 감사합니다.
- 내가 찾는 모든 순간이 지금 내게로 오고 있습니다.

따라 쓰기

(마음챙김 명상과 시각화 연습)

• 몸을 펴고 편안히 앉아, 천천히 호흡하며 긴장을 이완합니다.

• 들숨의 느낌이나 감각을 알아차리고, 날숨을 느낌이나 감각을 알아차려보세요. 편안하게 호흡의 리듬을 따라갑니다.

• 호흡과 함께 진동하는 몸의 리듬을 알아차려보세요. 현존의 시간에 마음을 열어보세요.

(마음챙김 만트라)

긍정적인 생각을 심어주는 나만의 문장을 만들어보세요.

....

....

(오늘 쓰기)

하루 동안 있었던 일 중에서 좋은 일 세 가지를 찾아서 적고, 감사한 마음을 느껴보세요.

1. ....

2. ....

3. ....

위대함

더 나은 삶에 대한 바람은 우리를 꿈꾸게 합니다.

이는 이전과는 다른 '나'에 대한 열망이기도 하죠.

아직도 과거의 시간에 붙들려 있다면 이제 내려놓아요.

매일 새로운 현재가 열리고 있습니다.

빛나는 미래를 위해 지금 눈 앞의 순간에 집중하세요.

──────＊──────

따라 읽기

• 나는 나날이 내가 바라는 모습대로 되어가고 있습니다.

• 나에겐 제 삶을 바꿀 위대한 힘과 열정이 있습니다.

• 과거로부터 배운 지혜와 통찰은 나를 바꾸는 자원입니다.

따라 쓰기

....

....

....

(마음챙김 명상과 시각화 연습)

- 편안한 마음으로 호흡하며 들숨과 날숨을 있는 그대로 느껴보세요.
- 숨을 들이쉬고 내쉬면서 작은 성취감을 느꼈던 지난 순간을 떠올려보세요. 그 순간의 모습을 마음의 눈으로 그려보세요.
- 미소와 함께 미래의 자신을 축복해주세요. 긍정의 에너지로 마음을 가득 채워봅니다.

(마음챙김 만트라)

긍정적인 생각을 심어주는 나만의 문장을 만들어보세요.

. . . .

. . . .

(오늘 쓰기)

하루 동안 있었던 일 중에서 좋은 일 세 가지를 찾아서 적고, 감사한 마음을 느껴보세요.

1.
. . . .

2.
. . . .

3.
. . . .

마음이 괴로움에 물들 때마다 긍정의 단어를 떠올려보세요.

행복, 평화, 사랑, 축복, 안정, 보호, 은총…

나아가 내가 믿는 모든 위대한 힘의 보호를 믿어봅니다.

늘 곁에 있음에 감사함을 전하며,

내 마음의 바람을 담아 기도로 청해보세요.

———————✳———————

(따라 읽기)

• 나는 내게 올 행운과 기적, 축복을 믿습니다.
• 언제나 신과 우주, 대자연의 축복이 내게 있습니다.
• 나를 보호하는 긍정 에너지는 날로 더 커집니다.

(따라 쓰기)

....

....

....

마음챙김 명상과 시각화 연습

- 눈을 감고 편안하게 앉아 들숨과 날숨의 리듬을 알아차려보세요.
- 눈앞에 하얀 노트를 상상해보세요. 노트에 좋아하는 명언이나 단어를 써보고 그대로 실현되는 모습을 그려보세요.
- 내 모습에 집중하며 내 몸과 주변이 축복의 빛으로 밝게 빛나는 모습을 상상해보세요.

마음챙김 만트라

긍정적인 생각을 심어주는 나만의 문장을 만들어보세요.

....

....

오늘 쓰기

하루 동안 있었던 일 중에서 좋은 일 세 가지를 찾아서 적고, 감사한 마음을 느껴보세요.

1.
....

2.
....

3.
....

풍요

타인을 향한 친절한 말과 행동은

내 마음의 풍요를 만드는 가장 값진 습관 중 하나입니다.

주변에서 일어나는 일에 따뜻한 관심을 기울여보세요.

사랑을 나눌 수 있을 때, 매 순간을 사랑할 수 있게 됩니다.

———————✳———————

따라 읽기

- 나는 어디서든 타인을 존중하고 배려합니다.
- 좋은 말과 좋은 행동은 내 삶을 풍요롭게 합니다.
- 내 안의 자비와 사랑으로 주변과 세상을 밝혀 나갑니다.

따라 쓰기

마음챙김 명상과 시각화 연습

- 편안한 마음으로 들숨과 날숨의 느낌과 감각을 알아차려보세요.
- 온몸에 의식을 집중해서 느껴보고, 머무는 공간 전체로 의식을 확장해보세요.
- 의식을 더욱 확장하여 집 밖과 거리, 도시, 나라, 지구 전체로 넓혀보세요.
- 온 우주로 의식을 넓혀 광활하고 원대한 자아감을 느껴봅니다. 다시 천천히 현재로 돌아와 편안히 호흡하세요.

마음챙김 만트라

긍정적인 생각을 심어주는 나만의 문장을 만들어보세요.

....

....

오늘 쓰기

하루 동안 있었던 일 중에서 좋은 일 세 가지를 찾아서 적고, 감사한 마음을 느껴보세요.

1.
....

2.
....

3.
....

자꾸 신경이 쓰이는 말이 있나요.

다른 사람의 판단과 따가운 시선은 다 잊어버려요.

남들이 어떻게 생각하든 신경 쓰지 마세요.

나를 증명하려고 애쓰지도 말아요.

말이 많은 사람들은 달라지지 않으니까요.

어깨를 한번 으쓱하곤, 내 삶의 리듬대로 오늘을 사세요.

———————✳———————

(따라 읽기)

• 나는 모든 세상일에 담대하고 의연합니다.
• 나는 나의 가치를 지키며 더 나은 삶을 선택합니다.
• 내 삶엔 나의 일과 꿈을 사랑하는 많은 사람들이 있습니다.

(따라 쓰기)

....

....

....

- 편안하게 앉아 들숨과 날숨을 알아차리며 숨결을 느껴보세요.
- 내 주변의 사랑하는 사람을 한 명씩 이미지로 그려보세요. 나의 수호천사들이 서로 손을 잡고 내 주위를 울타리처럼 감싸고 있는 모습을 그려보세요
- 나를 감싸는 평온하고 안정된 에너지를 마음 가득히 느껴보세요.

마음챙김 만트라

긍정적인 생각을 심어주는 나만의 문장을 만들어보세요.

....

....

오늘 쓰기

하루 동안 있었던 일 중에서 좋은 일 세 가지를 찾아서 적고, 감사한 마음을 느껴보세요.

1. ....

2. ....

3. ....

익숙하고 지루한 일상이 반복된다면

이제껏 해보지 않았던 새로운 일을 시작해보세요.

그림을 그려보거나, 악기나 노래를 배우거나

멋진 곳에서 식사도 해보세요.

심장의 두근거리는 진동을 마음껏 느껴보세요.

———————✳———————

(따라 읽기)

• 나는 매일 내가 꿈꾸는 삶을 창조합니다.

• 내가 행복을 느낄 때마다 더 큰 행복이 내게로 옵니다.

• 행복하고 기분 좋은 일은 늘 내 곁에 있습니다.

(따라 쓰기)

마음챙김 명상과 시각화 연습

- 편안히 앉아 호흡의 리듬을 느끼며 숨결을 알아차려보세요.
- 마음의 눈으로 평소 해보고 싶은 그 일을 하고 있는 자신을 그려보세요. 마치 그곳에 있는 듯 느껴봅니다.
- 마음속으로 좋아하는 단어나 문장을 읊조리며 가볍게 미소 지어보세요.

마음챙김 만트라

긍정적인 생각을 심어주는 나만의 문장을 만들어보세요.

....

....

오늘 쓰기

하루 동안 있었던 일 중에서 좋은 일 세 가지를 찾아서 적고, 감사한 마음을 느껴보세요.

1.
....

2.
....

3.
....

눈을 감고 사랑하는 사람들을 가만히 떠올려보세요.

당신이 지켜내야 할 가장 귀한 시간을 놓치고 있지는 않은지요.

소중한 그분들의 목소리와 미소를 그려보세요.

오늘은 내 안의 에너지를 최대한 끌어내서

평소에 잘하지 못했던 내 마음을 전해보세요.

———————✳———————

[따라 읽기]

- 내가 어디를 가든 그곳에서 사랑받고 환영받습니다.
- 내 삶은 좋은 사람들과 소중한 인연으로 가득합니다.
- 나는 내 곁의 사람들과 조화롭고 평화롭게 지냅니다.

[따라 쓰기]

(마음챙김 명상과 시각화 연습)

- 편안한 마음으로 숨결을 알아차리며 몸을 부드럽게 이완합니다.
- 내 곁의 소중한 사람들의 모습을 한 분씩 떠올려보세요. 그분들의 미소와 따뜻한 에너지를 느껴보세요.
- 호흡과 함께 양손으로 어깨를 감싸며 사랑의 온기를 그대로 느껴보세요.

(마음챙김 만트라)

긍정적인 생각을 심어주는 나만의 문장을 만들어보세요.

....

....

(오늘 쓰기)

하루 동안 있었던 일 중에서 좋은 일 세 가지를 찾아서 적고, 감사한 마음을 느껴보세요.

1.
....

2.
....

3.
....

언제든 여러 도전이 있기 마련이죠.

인생에서 일어나는 일들을 받아들이겠다고 다짐하며

가던 길을 묵묵히 걸어가보세요.

오지 않을 미래에 대해 걱정하느라 시간을 쓰기보다는

현재의 순간에 집중하며 당신만의 의미를 담아보세요..

———————*———————

따라 읽기

- 나는 그 어느 때보다 지금 행복합니다.
- 나는 삶을 사랑하고 삶은 나를 축복합니다.
- 나는 사랑과 감사로 매일의 행복을 받아들입니다.

따라 쓰기

....

....

....

마음챙김 명상과 시각화 연습

- 편안하게 앉아서 몇 차례 부드럽게 호흡하며 현재의 순간을 알아차려보세요.
- 호흡의 숨결을 알아차리며 몸의 감각을 느껴보세요. 현존하는 순간의 경험에 의식을 열어 순간순간의 에너지를 느껴봅니다.
- 손바닥을 위로 향하게 한 후 양팔을 벌려서 세상의 좋은 에너지가 들어온다고 상상해보세요. 좋은 기운이 온몸에 가득해짐을 느껴보세요.

마음챙김 만트라

긍정적인 생각을 심어주는 나만의 문장을 만들어보세요.

....

....

오늘 쓰기

하루 동안 있었던 일 중에서 좋은 일 세 가지를 찾아서 적고, 감사한 마음을 느껴보세요.

1.
....

2.
....

3.
....

62 day
배려

배려는 관계를 풍요롭게 만들고 행복을 느끼게 합니다.

내가 만들어낸 말과 행동 하나하나는 고스란히 내 삶이 되죠.

가장 가까이 있는 사람들부터 친절하게 대해보세요.

당신에게 다가오는 더 큰 배려를 느낄 수 있을 거예요.

사랑의 가장 큰 선물은 배려입니다.

———————*———————

(따라 읽기)

- 어디서든 귀한 인연을 만나는 삶입니다.
- 늘 내 곁의 소중한 사람들을 사랑으로 돌봅니다.
- 모든 사람을 존중하고 배려하며 차별 없이 대합니다.

(따라 쓰기)

마음챙김 명상과 시각화 연습

- 편안하게 앉아서 몇 차례 부드럽게 심호흡을 합니다.
- 자애로움이나 편안함을 주는 어떤 사람(영적 존재, 가족, 멘토, 친구, 사랑하는 누군가)을 떠올려보세요.
- 무한한 존재가 조건 없는 사랑으로 당신을 향해 미소 짓고 있는 모습을 그려보세요. 가득한 사랑의 에너지를 느껴보세요.

마음챙김 만트라

긍정적인 생각을 심어주는 나만의 문장을 만들어보세요.

....

....

오늘 쓰기

하루 동안 있었던 일 중에서 좋은 일 세 가지를 찾아서 적고, 감사한 마음을 느껴보세요.

1.
....

2.
....

3.
....

걱정

걱정과 고민이 쏟아지면 잠시 주의를 전환해보세요.

기분이 조금 더 나아져야 문제를 바로 볼 수 있어요.

지나친 걱정은 부정적인 생각을 강하고 확고하게 만들죠.

차를 마시고, 노래를 들으며, 햇살을 느껴보세요.

그래야 훨씬 더 나은 선택을 할 수 있어요.

————————＊————————

(따라 읽기)

• 나는 긍정적인 생각과 믿음으로 원하는 것을 이룹니다.

• 나의 선택은 좋은 경험이 되어 나를 성장시킵니다.

• 나는 내가 원하는 무엇이든 이룰 수 있습니다.

(따라 쓰기)

마음챙김 명상과 시각화 연습

- 편안하게 앉아 들숨과 날숨의 느낌과 감각을 가만히 느껴보세요.
- 최근 들어 자주 일어나는 걱정과 고민을 떠올려보세요. 흘러가는 구름을 상상하며 그 생각을 구름 위로 띄워 보내세요.
- 마음에 떠오르는 여러 생각을 알아차리고, 바로 흘러가는 구름에 보내도록 하세요.

마음챙김 만트라

긍정적인 생각을 심어주는 나만의 문장을 만들어보세요.

....

....

오늘 쓰기

하루 동안 있었던 일 중에서 좋은 일 세 가지를 찾아서 적고, 감사한 마음을 느껴보세요.

1. ....

2. ....

3. ....

자신이 완벽해질 때까지 기다리지 마세요.

서툰 하루를 보낼 용기를 내어보세요.

자신이 정한 틀 밖으로 나오지 못하면 시작도 끝도 없죠.

당신의 삶을 찾아 달려 나가세요.

영화 〈포레스트 검프〉의 명대사 기억하나요?

"검프, 런! 런!"

———————✳———————

따라 읽기

- 나는 어떤 도전도 할 준비가 되어 있습니다.
- 나에겐 꿈을 향한 강한 의지와 힘이 있습니다.
- 우주는 나에게 꿈을 이룰 수 있는 용기와 힘을 줍니다.

따라 쓰기

(마음챙김 명상과 시각화 연습)

• 호흡의 리듬을 느끼며 편안히 들숨과 날숨을 알아차려보세요.

• 오늘 하루에 전념하며 최선을 다하는 자신의 모습을 그려보세요.

• 미소를 지으며 자신에게 응원과 격려, 지지의 말을 해주세요. 오늘의 나에게
  필요한 어떤 말이든 좋아요. 하루 동안 자주 말해주세요.

(마음챙김 만트라)

긍정적인 생각을 심어주는 나만의 문장을 만들어보세요.

....

....

(오늘 쓰기)

하루 동안 있었던 일 중에서 좋은 일 세 가지를 찾아서 적고, 감사한 마음을 느
껴보세요.

1.
....

2.
....

3.
....

외로움은 내면에 자리한 뿌리 깊은 나무와도 같죠.

때론 슬프기도 하지만 덕분에 사랑을 배워나가죠.

외롭다고 느껴지는 날엔 담담히 인정해주세요.

'지금 마음에 외로움이 있구나', '오늘은 더 외로운 날인걸'

외로움과 특별한 사이가 되어보세요.

———————✳︎———————

(따라 읽기)

• 나는 모든 감정을 자유롭게 느끼며 표현합니다.

• 나는 내 감정보다 더 크고 위대한 존재입니다.

• 나는 내 마음을 공감하고 헤아리며 따뜻하게 돌봅니다.

(따라 쓰기)

(마음챙김 명상과 시각화 연습)

- 눈을 감고 편안한 마음으로 들숨과 날숨에 주의를 기울입니다.
- 호흡의 느낌이나 감각을 있는 그대로 알아차려보세요. 자연스럽게 호흡의 리듬을 따라가보세요.
- 지금, 이 순간의 감정을 알아차려보세요. 감정을 파도와 같이 느껴보세요. 어떤 감정이든 머물다 지나가게 내버려두세요.

(마음챙김 만트라)

긍정적인 생각을 심어주는 나만의 문장을 만들어보세요.

....

....

(오늘 쓰기)

하루 동안 있었던 일 중에서 좋은 일 세 가지를 찾아서 적고, 감사한 마음을 느껴보세요.

1.
....

2.
....

3.
....

내게서 반복되는 관계 습관을 가만히 살펴보세요.

되풀이되는 고통과 괴로움은 나로부터 비롯되죠.

누군가와 가까워지고 싶고 특별한 관계가 되고 싶다면

그 사람의 가치를 존중하고 인정해주세요.

다른 사람을 바꾸려 하기보다

함께 살기에 아름다운 사람이 되세요.

——————✳——————

따라 읽기

- 나는 모든 관계 속에서 배우고 성장합니다.
- 나는 다른 사람에게 친절하게 말하고 행동합니다.
- 나는 모든 사람들의 가치를 인정하고 존중합니다.

따라 쓰기

....

....

....

마음챙김 명상과 시각화 연습

- 편안히 앉아 호흡을 알아차리며 현재의 순간을 느껴보세요.
- 가족, 가까운 친구나 동료의 모습을 떠올려보세요. 이분들과 보낸 즐겁고 기분 좋았던 순간들을 떠올려보세요
- 한분 한분마다 이미지를 떠올리며 긍정의 에너지로 고마움과 사랑을 보내보세요.

마음챙김 만트라

긍정적인 생각을 심어주는 나만의 문장을 만들어보세요.

....

....

오늘 쓰기

하루 동안 있었던 일 중에서 좋은 일 세 가지를 찾아서 적고, 감사한 마음을 느껴보세요.

1.
....

2.
....

3.
....

가까운 관계일수록 더 의지하게 되고, 서로를 잘 안다고 느끼죠.

사랑하는 사람을 떠올리며 다음 질문에 답해보세요.

그분이 좋아하는 장소나 여행지는 어디인가요.

그분이 좋아하는 음식이나 영화, 노래는 무엇인가요.

그분의 요즘 고민거리나 걱정은 무엇 때문인가요.

당신은 그분에게 어떤 사람인가요?

———— * ————

(따라 읽기)

- 나는 주변 사람들을 살피고 배려합니다.
- 우리 가족이 있어 행복하고 감사합니다.
- 나는 사랑이 가득한 사람들 속에 함께 있습니다.

(따라 쓰기)

....

....

....

마음챙김 명상과 시각화 연습

- 편안하게 앉아서 몇 차례 부드럽게 호흡하며 숨결을 느껴보세요.
- 사랑하는 사람의 모습을 이미지로 그려봅니다. 그분의 헌신과 노력, 사랑을 마음으로 느껴보세요.
- 고마움과 감사의 마음으로 그분을 축복해주세요. '건강하기를', '평화롭기를', '행복하기를' 바라며 기도합니다.

마음챙김 만트라

긍정적인 생각을 심어주는 나만의 문장을 만들어보세요.

....

....

오늘 쓰기

하루 동안 있었던 일 중에서 좋은 일 세 가지를 찾아서 적고, 감사한 마음을 느껴보세요.

1.
....

2.
....

3.
....

지난 일을 후회하며 자책하기보다 배울 점을 찾아보세요.

자신을 바꿔놓기 위한 노력이라면

차가운 말로 상처를 주기보다는 너그러워지세요.

당신이 원하는 그곳까지 가고 싶다면

넘어진 손을 잡아서 일으켜주고 격려해주세요.

———————✳———————

(따라 읽기)

• 나는 나를 믿고 의지하며 돕습니다.
• 나는 용기와 확신으로 미래를 향해 나아갑니다.
• 지난 경험과 앞으로의 경험들이 나를 무한히 성장시킬 것을 압니다.

(따라 쓰기)

....

....

....

- 눈을 감고 편안한 마음으로 들숨과 날숨에 주의를 기울입니다.
- 자신을 위대한 산이나 넓고 푸른 바다와 같이 상상해보세요.
- 호흡을 할 때마다 산이나 바다가 지는 원대한 에너지가 들어와 온몸 가득 퍼진다고 느껴보세요.

마음챙김 만트라

긍정적인 생각을 심어주는 나만의 문장을 만들어보세요.

....

....

오늘 쓰기

하루 동안 있었던 일 중에서 좋은 일 세 가지를 찾아서 적고, 감사한 마음을 느껴보세요.

1. ....

2. ....

3. ....

분노

분노의 감정은 짧은 순간 강렬해지기에 쉽게 가라앉지 않아요.

주변 사람들에게 드러내는 순간 관계를 망치기 쉽죠.

주변을 얼어붙게 만드는 데 익숙해지지 마세요.

늘 화난 사람으로 살 순 없잖아요.

내 생각의 날카로운 모서리를 다듬어보세요.

───────✶───────

(따라 읽기)

• 나는 선한 힘으로 주변을 밝게 만들어갑니다.

• 내가 있는 곳에선 모두가 평온함을 느낍니다.

• 나의 친절은 더 큰 사랑과 존중을 불러들입니다.

(따라 쓰기)

(마음챙김 명상과 시각화 연습)

- 편안하게 들숨과 날숨을 알아차리며 호흡의 리듬을 느껴보세요.
- 최근 화가 났던 상황을 떠올려보세요. 화난 자신의 모습을 관찰해보세요. 주변 사람들의 마음을 느껴봅니다.
- 그 상황을 다르게 대처하는 자신의 모습을 그려보세요. 부드럽고 평화롭게 행동하는 자신을 떠올려보세요.

(마음챙김 만트라)

긍정적인 생각을 심어주는 나만의 문장을 만들어보세요.

....

....

(오늘 쓰기)

하루 동안 있었던 일 중에서 좋은 일 세 가지를 찾아서 적고, 감사한 마음을 느껴보세요.

1.
....

2.
....

3.
....

인생에서 늘 옳은 선택을 할 수는 없지만

자신이 원하는 삶의 가치를 따른다면 의미를 얻게 될 거예요.

가치는 인생의 나침반과 같은 역할을 합니다.

어느 날, 길을 잃고 헤맬 때 나아갈 방향을 알려주죠.

평생 길러온 내 안의 힘을 믿으며,

당신만의 가치 나침반을 꺼내봐요.

—————— ✳ ——————

따라 읽기

- 인생은 내가 가장 원하는 곳으로 나를 인도합니다.
- 역경은 삶의 의미와 가치를 배우는 값진 선물입니다.
- 실패는 내 안의 가장 약한 면을 강하고 위대하고 만들어줍니다.

따라 쓰기

....

....

....

마음챙김 명상과 시각화 연습

- 편안한 마음으로 호흡을 알아차리며 들숨과 날숨을 느껴보세요.
- 앞으로 1년 뒤의 자신의 모습을 그려보세요. 가장 원하는 모습을 떠올리며 집중하세요.
- 미래의 자신이 지금 내게 온다면 어떤 말을 해줄까요. 가만히 마음의 소리에 귀를 기울여보세요.

마음챙김 만트라

긍정적인 생각을 심어주는 나만의 문장을 만들어보세요.

....

....

오늘 쓰기

하루 동안 있었던 일 중에서 좋은 일 세 가지를 찾아서 적고, 감사한 마음을 느껴보세요.

1. ....

2. ....

3. ....

마음이 고요하게 안정되어야

이런저런 생각도, 소란스러운 감정도 잘 다스릴 수 있어요.

마음의 평온을 위해 하루 3분, 호흡을 느껴보세요.

들숨과 날숨을 알아차리며 가벼이 현존에 머물러봐요.

잠시, 있는 그대로의 나로 돌아가보세요.

———————✳———————

따라 읽기

• 내 삶의 방식은 스스로 창조합니다.
• 매일 내게 삶에 대한 희망과 행복의 메시지를 전합니다.
• 어떤 문제가 생기더라도 느긋하게 긍정적으로 해결해 나갑니다.

따라 쓰기

(마음챙김 명상과 시각화 연습)

- 눈을 감고 편안한 마음으로 들숨과 날숨에 주의를 기울여보세요.
- 호흡과 함께 '평화', '사랑', '행복', '안정', '고요'의 단어를 읊조립니다.
- 가슴에 손을 얹거나 쓰다듬으려 '나는 편안하고 고요합니다'라고 말하며 안정된 에너지를 느껴보세요.

(마음챙김 만트라)

긍정적인 생각을 심어주는 나만의 문장을 만들어보세요.

....

....

(오늘 쓰기)

하루 동안 있었던 일 중에서 좋은 일 세 가지를 찾아서 적고, 감사한 마음을 느껴보세요.

1.
....

2.
....

3.
....

낙관성

낙관성이란 미래에 대한 좋은 기대와 희망을 말합니다.

자신이 되고자 하는 모습을 구체적으로 그려보세요.

내가 매일 쓰는 이야기가 나의 현재가 되고 미래가 됩니다.

결핍과 부족에서 벗어나 풍요와 행복에 집중하세요.

행복을 기다리기보다 행복을 끌어당기세요.

―――――＊―――――

[따라 읽기]

• 나날이 나에 대한 믿음과 사랑이 커집니다.

• 나는 늘 잠재능력을 발휘할 모든 가능성을 택합니다.

• 내게 오는 기회마다 더 큰 만족과 행운이 따릅니다.

[따라 쓰기]

(마음챙김 명상과 시각화 연습)

- 눈을 감고 편안한 마음으로 들숨과 날숨에 주의를 기울여보세요.
- 숨을 들이쉬고 길게 내쉬면서, 날숨에 부정적인 생각이 발끝으로 빠져나가는 걸 상상합니다.
- 호흡의 리듬에 따라 숨결을 알아차리며 몸과 마음을 편안히 합니다.

(마음챙김 만트라)

긍정적인 생각을 심어주는 나만의 문장을 만들어보세요.

....

....

(오늘 쓰기)

하루 동안 있었던 일 중에서 좋은 일 세 가지를 찾아서 적고, 감사한 마음을 느껴보세요.

1.
....

2.
....

3.
....

"무언가를 간절히 원하면 온 우주가 힘을 합쳐

그 소망이 이루어지도록 돕는다."

《연금술사》의 작가 파울로 코엘료는 이렇게 말합니다.

무언가를 진실로 바라면 늘 그것을 가질 수 있었다고 말이에요.

삶의 기적을 부르는 방법은 간단합니다.

무언가에 열정을 다하고, 그것의 실현을 믿는 거예요.

———————✳———————

(따라 읽기)

• 나는 내 안의 위대한 치유 능력을 믿습니다.

• 우주는 내가 원하는 성공을 내게 가져다줍니다.

• 나의 바람은 더 큰 현실이 되어 나타납니다.

(따라 쓰기)

마음챙김 명상과 시각화 연습

- 눈을 감고 편안한 마음으로 호흡하며 몸을 느슨하게 해주세요.
- 들숨과 날숨을 알아차리며 마음을 편안히 합니다. 이제 당신이 바라는 자신의 모습을 떠올려보세요.
- 편안한 마음으로 우주의 보호와 사랑 속에 있음을 느껴보세요. 그리고 마음 속 소망을 전해보세요.

마음챙김 만트라

긍정적인 생각을 심어주는 나만의 문장을 만들어보세요.

....

....

오늘 쓰기

하루 동안 있었던 일 중에서 좋은 일 세 가지를 찾아서 적고, 감사한 마음을 느껴보세요.

1. ....

2. ....

3. ....

자존감이란 '자신을 있는 그대로 존중하는 마음'입니다.

우리에겐 누구나 다양한 색과 빛이 있어요.

당신이 느끼기엔 약해 보이는 모습도

누군가에겐 닮고 싶은 남다른 장점이 되죠.

자신을 있는 그대로 받아들일 때

비로소 진정한 아름다움이 드러날 수 있답니다.

————————✳————————

따라 읽기

- 나는 어떤 상황에서도 나 자신을 믿습니다.
- 나는 나만의 장점으로 세상의 밝은 빛이 됩니다.
- 어디서든 나의 장점을 이끌어주는 사람들과 함께합니다.

따라 쓰기

마음챙김 명상과 시각화 연습

- 편안히 앉아 호흡을 알아차리며 현재의 순간을 느껴보세요.
- 호흡의 리듬을 자연스럽게 느끼며 '나는 나를 있는 그대로 사랑합니다'라고 말하며 여러 번 문장을 반복해서 읊조립니다.
- 양손으로 가슴을 감싸며 자신에게 긍정적인 메시지를 보내주세요.

마음챙김 만트라

긍정적인 생각을 심어주는 나만의 문장을 만들어보세요.

....

....

오늘 쓰기

하루 동안 있었던 일 중에서 좋은 일 세 가지를 찾아서 적고, 감사한 마음을 느껴보세요.

1.
....

2.
....

3.
....

보호

방어하고 지켜야 할 '자아'가 적을수록

관용, 자비, 수용의 너른 마음이 커집니다.

자기돌봄의 마음 습관을 키워보세요.

모든 평화는 나의 내면에 있습니다.

오늘의 마음을 소중하게 돌보세요.

———————＊———————

(따라 읽기)

- 나는 긍정적인 마음으로 내 삶을 이끌어 나갑니다.
- 내 삶의 안식처는 나의 내면으로부터 시작됩니다.
- 다른 사람의 말보다 내가 원하는 가치가 중요합니다.

(따라 쓰기)

....

....

....

- 편안히 호흡에 주의를 기울이며 들숨과 날숨을 느껴보세요.
- 숨을 들이쉬고 내쉴 때 '나의 내면엔 평화가 가득합니다'라고 말하며 마음을 열어 받아들입니다.
- 들숨과 날숨에 부드럽고 온화한 기운이 몸의 세포 하나하나에까지 퍼져 나 간다고 상상해보세요.

마음챙김 만트라

긍정적인 생각을 심어주는 나만의 문장을 만들어보세요.

오늘 쓰기

하루 동안 있었던 일 중에서 좋은 일 세 가지를 찾아서 적고, 감사한 마음을 느껴보세요.

1.

2.

3.

괴로움

내 안의 뿌리 깊은 괴로움의 근원이
어디에서 비롯되었는가를 가만히 살펴보세요.
시기와 질투, 미움과 증오, 불안과 두려움으로 가득한가요.
깊은 내면의 감정을 알아차려보세요.
'그래, 시기심이었구나'라고 헤아리며, 그만 놓아주세요.

———— ✳ ————

따라 읽기

- 나는 괴로움을 잊기보다 사랑을 선택합니다.
- 내 안의 밝은 빛으로 주변엔 평화가 깃듭니다.
- 삶은 언제나 더 큰 성찰과 지혜를 선물합니다.

따라 쓰기

- 편안히 호흡에 주의를 기울이며 들숨과 날숨을 알아차립니다.
- 숨을 들이쉬고 내쉬며 '괴로움을 모두 보냅니다', '고통을 그만 내려놓습니다'라고 읊조리며 마음을 비워내세요.
- 호흡과 함께 몸을 이완하며 평온한 에너지를 가득히 느껴보세요.

(마음챙김 만트라)

긍정적인 생각을 심어주는 나만의 문장을 만들어보세요.

....

....

(오늘 쓰기)

하루 동안 있었던 일 중에서 좋은 일 세 가지를 찾아서 적고, 감사한 마음을 느껴보세요.

1.
....

2.
....

3.
....

다른 사람을 위한 이타 행동은 행복감에 큰 영향을 주는데요.

우리는 '나'의 생각과 감정에 치우쳐 살아갑니다.

'나'로부터 벗어나 주변으로 시선을 돌려보세요.

사랑을 베풀며 친절해지기로 해요.

그런 다음, 당신에게 어떤 일이 일어나는지 지켜보세요.

———————✳———————

⎡ 따라 읽기 ⎤

- 매일 느끼는 감사함으로 삶이 충만합니다.
- 나의 자비는 더 큰 사랑으로 되돌아옵니다.
- 오늘 나는 사랑을 나눌 수 있는 또 다른 기회를 얻습니다.

⎡ 따라 쓰기 ⎤

- 편안히 호흡에 주의를 기울이며 들숨과 날숨을 알아차려보세요.
- 숨을 들이쉬고 내쉬며 자비와 사랑이 필요한 곳이나 대상을 떠올립니다.
- 온 마음으로 행복과 축복이 가득하길 기원합니다. 여러 번 반복해서 사랑을
  보냅니다.

마음챙김 만트라

긍정적인 생각을 심어주는 나만의 문장을 만들어보세요.

⋯⋯⋯⋯⋯⋯⋯⋯⋯⋯⋯⋯⋯⋯⋯⋯⋯⋯⋯⋯⋯⋯⋯⋯⋯⋯⋯⋯⋯⋯⋯⋯⋯⋯

⋯⋯⋯⋯⋯⋯⋯⋯⋯⋯⋯⋯⋯⋯⋯⋯⋯⋯⋯⋯⋯⋯⋯⋯⋯⋯⋯⋯⋯⋯⋯⋯⋯⋯

오늘 쓰기

하루 동안 있었던 일 중에서 좋은 일 세 가지를 찾아서 적고, 감사한 마음을 느껴보세요.

1. ⋯⋯⋯⋯⋯⋯⋯⋯⋯⋯⋯⋯⋯⋯⋯⋯⋯⋯⋯⋯⋯⋯⋯⋯⋯⋯⋯⋯⋯⋯

2. ⋯⋯⋯⋯⋯⋯⋯⋯⋯⋯⋯⋯⋯⋯⋯⋯⋯⋯⋯⋯⋯⋯⋯⋯⋯⋯⋯⋯⋯⋯

3. ⋯⋯⋯⋯⋯⋯⋯⋯⋯⋯⋯⋯⋯⋯⋯⋯⋯⋯⋯⋯⋯⋯⋯⋯⋯⋯⋯⋯⋯⋯

인간관계에서 느끼는 신뢰감은 세상에 대한 안정감을 줍니다.

그런데 상처에 대한 두려움으로 관계의 시작을 망설이다 보면,

새로운 경험을 나눌 기회조차 사라지게 되죠.

만일 어떤 관계에서 불편함이 생기면,

'그때' 지혜롭게 해결해 나가면 되니 미리 걱정하지 말아요.

당신에게 다가올 좋은 사람들만 생각하세요.

———— ✳ ————

따라 읽기

- 나는 지난 경험으로부터 더 큰 사랑을 배웁니다.
- 나는 주변과 조화롭게 공존하고 있습니다.
- 나는 어디서든 편안하고 안정된 관계 속에 있습니다.

따라 쓰기

> **마음챙김 명상과 시각화 연습**

- 편안하게 앉아 몇 분간 몸의 중심에 주의를 집중하여 온몸을 알아차려보세요. 마음이 몸과 함께 안정되게 두세요.
- 편안한 마음으로 심장의 리듬을 느껴보세요. 심장의 리듬을 신이나 우주, 대자연의 리듬이라고 생각해보세요.
- 편안하게 몇 차례 긴 호흡으로 이완하며 안정된 에너지를 느껴보세요.

> **마음챙김 만트라**

긍정적인 생각을 심어주는 나만의 문장을 만들어보세요.

....

....

> **오늘 쓰기**

하루 동안 있었던 일 중에서 좋은 일 세 가지를 찾아서 적고, 감사한 마음을 느껴보세요.

1.
....

2.
....

3.
....

일, 관계, 여가, 건강, 영성, 다른 무엇이든
한동안 집중하고픈 가치를 선택해보세요.
가치에 일치된 작은 행동들을 리스트로 만들어봐요.
하루에 한 가지씩 가치에 맞는 행동을 실천해보는 거예요.
매일 당신만의 방법으로 새롭고 특별해지세요.

———— ✳ ————

따라 읽기

- 건강한 식단과 좋은 음식으로 내 몸을 돌봅니다.
- 나는 내 삶의 소중한 것을 지켜나가며 행복을 느낍니다.
- 나와 주변의 가치를 고르게 존중하며 조화롭게 지냅니다.

따라 쓰기

- 편안한 자세로 앉아 몇 차례 심호흡하며 몸을 이완합니다.
- 삶의 가치에 따라 살아가는 자신의 모습을 그려보세요. 그 순간의 느낌에 집중해보세요.
- 고요한 마음으로 바라는 삶이 펼쳐지는 모습을 떠올려보세요. 풍요와 안정의 에너지를 가득히 느껴보세요.

마음챙김 만트라

긍정적인 생각을 심어주는 나만의 문장을 만들어보세요.

....

....

오늘 쓰기

하루 동안 있었던 일 중에서 좋은 일 세 가지를 찾아서 적고, 감사한 마음을 느껴보세요.

1.
....

2.
....

3.
....

평소에 자주 쓰는 혼잣말을 가만히 떠올려보세요.

자신도 모르게 중얼거리게 되는 혼잣말을 긍정문으로 바꿔봐요.

별일 아닌 일도 혼잣말에 따라 기분이 크게 변화될 수 있어요.

힘과 용기, 자신감을 주는 자기 대화를 상황별로 만들어보세요.

오늘 내게 전해주고픈 한마디는 무엇인가요?

————————✳————————

(따라 읽기)

- 나는 스스로를 이해하고 용서하며 치유합니다.
- 나의 강한 믿음은 끊임없는 평화와 기쁨을 가져다줍니다.
- 나에겐 내가 원하는 모든 것을 실현할 용기와 힘이 있습니다.

(따라 쓰기)

(마음챙김 명상과 시각화 연습)

- 몸을 펴고 편안히 앉아, 코로 들이쉬고 입으로 내쉬는 방법으로 긴장을 이완
  합니다.
- 오늘 해야 할 일을 가만히 떠올려보세요. 그 일을 잘해내도록 용기와 응원의
  말을 해주세요.
- 당신에게 필요한 긍정의 말을 떠올리며 반복해서 말해보세요. 단어에 집중
  하는 동안 느껴지는 에너지를 온몸 가득 채워보세요.

(마음챙김 만트라)

긍정적인 생각을 심어주는 나만의 문장을 만들어보세요.

....

....

(오늘 쓰기)

하루 동안 있었던 일 중에서 좋은 일 세 가지를 찾아서 적고, 감사한 마음을 느
껴보세요.

1.
....

2.
....

3.
....

다른 사람들이 자신에 대해 어떻게 생각하는지를 걱정하는 한,

자아는 힘을 잃고 두려움은 힘을 얻게 됩니다.

타인의 승인을 필요로 하지 않게 될 때,

나를 묶어둔 온갖 조건으로부터 자유로워질 수 있습니다.

용기를 끌어모아 자신이 원하고 바라는 것에 집중해보세요.

만일 지금보다 훨씬 더 남을 신경 쓰지 않는다면 삶이 어떨까요?

—————✳—————

따라 읽기

- 나는 이 세상을 밝히는 소중한 존재입니다.
- 나는 내 삶을 창조하며 원하는 것을 실현합니다.
- 나의 의도와 확신은 행운과 기적을 불러옵니다.

따라 쓰기

....

....

....

마음챙김 명상과 시각화 연습

- 편안히 호흡하며 들숨과 날숨의 느낌과 감각을 알아차려보세요.
- 마음으로 깨끗하고 하얀 메모지를 떠올려보세요. 그 안에 무엇이든 쓰고 싶은 문장을 써보세요. 소망이나 꿈, 사랑과 존중, 배려와 감사, 자신을 향한 격려도 좋습니다.
- 긍정 확언 문장을 여러 번 읊조리며 마음으로 받아들여보세요.

마음챙김 만트라

긍정적인 생각을 심어주는 나만의 문장을 만들어보세요.

....

....

오늘 쓰기

하루 동안 있었던 일 중에서 좋은 일 세 가지를 찾아서 적고, 감사한 마음을 느껴보세요.

1.
....

2.
....

3.
....

마음이 복잡할 때는 의도적으로 단순하게 지내보세요.

오감으로 세상과 소통하며 무엇이든 있는 그대로 느껴봅니다.

판단하는 마음을 내려놓으세요.

지혜는 배우는 것이 아니라,

보이는 그대로를 명확하게 볼 때 얻게 됩니다.

———————✳———————

따라 읽기

• 삶은 내게 더 큰 지혜와 깨달음을 선물합니다.

• 과거의 습관에서 벗어나 현재를 새롭게 맞이합니다.

• 나는 치우치지 않는 마음으로 지혜롭게 헤쳐 나갑니다.

따라 쓰기

마음챙김 명상과 시각화 연습

- 편안히 앉아 들숨과 날숨의 느낌이나 감각을 알아차려보세요.
- 호흡하는 동안 떠오르는 생각이나 감정을 가만히 관찰해보세요.
- 마음 안에서 일어나는 모든 경험을 느껴지는 그대로 알아차려보세요. 단순하게 바라보며 흘러가는 대로 내버려두세요.

마음챙김 만트라

긍정적인 생각을 심어주는 나만의 문장을 만들어보세요.

....

....

오늘 쓰기

하루 동안 있었던 일 중에서 좋은 일 세 가지를 찾아서 적고, 감사한 마음을 느껴보세요.

1.
....

2.
....

3.
....

도움

무언가에 압도되어 어찌할 바를 모를 때는
한 손을 가슴에 얹고 다정한 목소리로 자신에게 말해주세요.
"괜찮아. 괜찮아. 편안하게 호흡해보자."
이제 한 걸음 물러나서 지금의 상황을 고르게 살펴보세요.
그리고 내가 할 수 있는 일부터 차근차근 시작해보세요.

―――――✳―――――

(따라 읽기)

• 나는 내 안의 고통을 헤아리며 치유를 돕습니다.
• 나는 언제나 스스로를 위한 최고의 선택을 합니다.
• 나는 차분하고 지혜롭게 모든 일을 해결합니다.

(따라 쓰기)

....

....

....

마음챙김 명상과 시각화 연습

- 편안히 앉아 숨을 들이쉬고 길게 내쉬며 몸을 이완합니다.
- 지금 집중해야 할 일이나 상황을 떠올리며 성공적으로 이루어낸 자신의 모습을 그려보세요.
- 양 손으로 어깨를 감싸며 차분하고 고요하게 현재를 느껴보세요.

마음챙김 만트라

긍정적인 생각을 심어주는 나만의 문장을 만들어보세요.

....

....

오늘 쓰기

하루 동안 있었던 일 중에서 좋은 일 세 가지를 찾아서 적고, 감사한 마음을 느껴보세요.

1.
....

2.
....

3.
....

자신의 장점을 열 가지 이상 찾아보세요.

가까운 사람들에게도 물어본 후, 장점 리스트를 만들어봐요.

자신만이 알아볼 수 있는 공간에 메모해 놓고 자주 봐주세요.

리스트를 채운 당신만의 매력이 삶을 멋지게 바꿔놓을 거예요.

앞으로는 더 드러내고, 더욱 표현해보세요.

———————＊———————

(따라 읽기)

• 나의 가치는 내가 만들어갑니다.

• 내가 하는 일에서 인정받고 사랑받습니다.

• 내가 원하는 모습으로 나날이 성장하고 있습니다.

(따라 쓰기)

....

....

....

(마음챙김 명상과 시각화 연습)

- 편안히 앉아 호흡을 알아차리며 현재를 느껴보세요.
- 이제 당신이 원하는 자신의 모습을 마음으로 그려봅니다.
- 많은 사람들의 축하와 격려 속에 있는 자신을 떠올려보세요. 미소와 함께 몸을 이완합니다.

(마음챙김 만트라)

긍정적인 생각을 심어주는 나만의 문장을 만들어보세요.

....

....

(오늘 쓰기)

하루 동안 있었던 일 중에서 좋은 일 세 가지를 찾아서 적고, 감사한 마음을 느껴보세요.

1.
....

2.
....

3.
....

격려

마음이 아플 때는 따끔한 충고보다는 다정한 격려가 필요해요.

자신에게도, 가족에게도, 주변 분들에게도 마찬가지예요.

먼저 위로와 격려부터 해주세요. 그 후에 해결책을 내주세요.

잘 해낼 수 있게 하고 싶다면, 자존감을 지켜주세요.

충고가 앞서면 자신감도 자존감도 낮아진답니다.

———————✳———————

따라 읽기

• 나는 나를 믿고 끝까지 최선을 다합니다.
• 나는 긍정적인 생각으로 매 순간을 받아들입니다.
• 나는 나와 주변 사람에게 더 큰 용기와 힘을 줍니다.

따라 쓰기

마음챙김 명상과 시각화 연습

- 편안하게 앉아서 몇 차례 부드럽게 호흡하며 몸을 이완합니다.
- 숨을 들이쉬고 내쉬며 '내가 편안하기를', '내가 행복하기를' 바라는 마음으로 문장을 반복해서 말해보세요.
- 호흡과 몸의 느낌을 알아차리며 편안한 에너지를 온몸 가득 느껴보세요.

마음챙김 만트라

긍정적인 생각을 심어주는 나만의 문장을 만들어보세요.

....

....

오늘 쓰기

하루 동안 있었던 일 중에서 좋은 일 세 가지를 찾아서 적고, 감사한 마음을 느껴보세요.

1.
....

2.
....

3.
....

균형

마음의 균형을 지키기 위한 치유의 시간을 내어보세요.

자신에게 편지를 써도 좋아요.

꾹꾹 담아놓았던 하고픈 말을 털어놓아 보세요.

만일 고민거리가 있다면 인생의 멘토를 떠올려보세요

만일 그분이라면 어떤 결정을 했을까요? 지혜를 빌려보세요.

———————✳———————

[따라 읽기]

- 나를 믿고 지지해주는 좋은 분들로 가득한 삶입니다.
- 나는 늘 유연하게 대처하고 현명하게 선택합니다
- 나는 충만하고 활기찬 삶을 살 자격이 있습니다.

[따라 쓰기]

(마음챙김 명상과 시각화 연습)

• 편하게 앉아 들숨과 날숨의 느낌이나 감각을 알아차려보세요.

• 현재 고민하고 있는 그 일을 떠올려보세요. 어떤 생각들이 지나가는지 알아
  차려보세요.

• 마음속 멘토를 이미지로 그려보세요. 그분에게 지혜를 청해보세요. 가만히
  마음으로 귀 담아 들어보세요.

(마음챙김 만트라)

긍정적인 생각을 심어주는 나만의 문장을 만들어보세요.

....

....

(오늘 쓰기)

하루 동안 있었던 일 중에서 좋은 일 세 가지를 찾아서 적고, 감사한 마음을 느
껴보세요.

1.
....

2.
....

3.
....

회복

상처받지 않으려고 애쓰기보단 긍정적인 순간을 늘려보세요.

치유와 회복은 고통을 막아설 때 일어나는 것이 아니라,

좋은 기분을 느낄 수 있을 때 얻을 수 있어요.

여기까지 걸어 온 당신이잖아요.

당신은 결코 약하지도 틀리지도 않아요. 그러니 힘을 내세요.

──────── ✳ ────────

[따라 읽기]

· 나는 건강하고 평화롭고 행복합니다.

· 나는 나를 사랑하고 내 몸을 사랑합니다.

· 나는 무한한 치유의 힘으로 온전히 회복됩니다.

[따라 쓰기]

마음챙김 명상과 시각화 연습

- 편안하게 호흡하며 몸을 전체적으로 알아차려보세요.
- 몸을 세세하게 바라보며 주의를 기울여보세요. 몸의 각 부위에 집중하며 사랑과 자비를 보내주세요.
- 몸의 모든 부위마다 치유의 에너지로 충만해짐을 느껴보세요.

마음챙김 만트라

긍정적인 생각을 심어주는 나만의 문장을 만들어보세요.

....

....

오늘 쓰기

하루 동안 있었던 일 중에서 좋은 일 세 가지를 찾아서 적고, 감사한 마음을 느껴보세요.

1.
....

2.
....

3.
....

공존

이제부터 한동안 부드럽게 말하고 친절하게 행동해보세요.

표정도 온화하게, 목소리 톤도 밝게 바꿔보세요.

모든 존재는 서로 공명하는 에너지로 소통해요.

내 안의 에너지가 긍정으로 빛나는 순간

일상엔 평화와 행복이 깃들죠.

———————✳———————

(따라 읽기)

• 나는 언제든 내 삶을 원하는 대로 창조합니다.
• 사람들은 나의 일을 가치 있게 여기며 존중합니다.
• 내 안의 긍정 에너지는 풍요와 행복을 부릅니다.

(따라 쓰기)

....

....

....

마음챙김 명상과 시각화 연습

- 편안하게 앉아 호흡을 알아차리며 내쉴 때는 몸을 이완하세요.
- 몸의 중심에 주의를 집중하며, 마음이 몸과 함께 안정되게 두세요.
- 현재의 순간에 집중하며 숨결 따라 마음이 편안해지고 고요해짐을 느껴보세요. 밝고 환한 에너지 속에 있음을 상상해보세요.

마음챙김 만트라

긍정적인 생각을 심어주는 나만의 문장을 만들어보세요.

....

....

오늘 쓰기

하루 동안 있었던 일 중에서 좋은 일 세 가지를 찾아서 적고, 감사한 마음을 느껴보세요.

1. ....

2. ....

3. ....

매일 아침, 눈을 뜨면 긍정적인 생각을 해주세요.

오늘의 나를 위한 마법의 주문을 만들어봐요.

하루 내내 자주 읊조리며 나의 기운을 긍정으로 바꿔놓으세요.

내 앞에 뭔가 특별한 순간들이 스스로 모습을 드러낼 거에요.

당신은 그 모든 걸 누릴 자격이 있어요.

———— ✳ ————

(따라 읽기)

- 모든 가능성의 문은 나에게 있습니다.
- 내 앞에 놓인 부와 성공, 풍요에 감사합니다.
- 나는 필요할 때마다 원하는 것을 쉽게 얻습니다.

(따라 쓰기)

(마음챙김 명상과 시각화 연습)

- 몸의 긴장을 풀고 호흡과 함께 의식을 공간 전체로 확장해보세요.
- 들숨과 날숨을 알아차리며 마음을 편안히 합니다. 이제 당신이 필요로 하는 모든 것이 실현되었다고 상상해보세요.
- 풍요와 행복으로 충만한 삶의 에너지를 마음 가득히 느껴봅니다.

(마음챙김 만트라)

긍정적인 생각을 심어주는 나만의 문장을 만들어보세요.

....

....

(오늘 쓰기)

하루 동안 있었던 일 중에서 좋은 일 세 가지를 찾아서 적고, 감사한 마음을 느껴보세요.

1.
....

2.
....

3.
....

어떤 일을 끝까지 해내려면 내 마음의 습관을 잘 보아야 해요
그럴듯한 합리화로 숨을 곳을 만드는 것은 아닌지,
이런저런 탓을 하며 피하고 있지는 않은지 말이에요.
계속 멈출 수밖에 없는 조건을 펼쳐 놓으면 나아갈 수가 없어요.
울타리 밖으로 나오세요. 아직 누려야 할 것이 너무 많아요.

―――――✳―――――

[따라 읽기]

• 나는 어떤 변화가 오더라도 성공적으로 해냅니다.
• 내 안의 잠재능력은 모든 기회를 성공으로 이끕니다.
• 나의 도전과 열정은 무한한 부와 성공을 가져다줍니다.

[따라 쓰기]

마음챙김 명상과 시각화 연습

- 편안히 숨을 들이쉬고 천천히 내쉬면서 몸을 이완해주세요.
- 숨을 들이쉴 때는 우주와 자연, 대지의 위대한 에너지가 들어와 온몸에 가득해진다고 느껴보세요.
- 숨을 내쉴 때는 내 안의 불안과 두려움, 걱정과 염려가 발끝으로 빠져나간다고 상상해보세요.

마음챙김 만트라

긍정적인 생각을 심어주는 나만의 문장을 만들어보세요.

....

....

오늘 쓰기

하루 동안 있었던 일 중에서 좋은 일 세 가지를 찾아서 적고, 감사한 마음을 느껴보세요.

1.
....

2.
....

3.
....

칭찬

자신에게 잠재된 가능성의 문을 열기 위해서는

내 안의 좋은 면을 발견하고 아껴주어야 해요.

사소하게 보이는 노력도 인정해주고

도움을 받아야만 했던 순간도 격려해주세요.

당신을 좋아할 수밖에 없는 열 가지 이유도 찾아보세요.

———————✳———————

(따라 읽기)

• 나는 나의 노력과 수고를 가치 있게 여깁니다.

• 나는 창의적으로 사고하고 경험에 개방적입니다.

• 내겐 꿈을 실현할 수 있는 모든 자원이 충분히 있습니다.

(따라 쓰기)

마음챙김 명상과 시각화 연습

- 눈을 감고 편안히 호흡하며 들숨과 날숨에 주의를 기울입니다.
- 가볍게 미소 지으며 미소의 에너지를 몸 전체로 느껴보세요.
- 내 몸 전체가 미소 짓고 있다고 상상합니다. 미소 에너지를 가득 담아 오늘 의 당신을 응원해보세요.

마음챙김 만트라

긍정적인 생각을 심어주는 나만의 문장을 만들어보세요.

....

....

오늘 쓰기

하루 동안 있었던 일 중에서 좋은 일 세 가지를 찾아서 적고, 감사한 마음을 느 껴보세요.

1.
....

2.
....

3.
....

소중함

우리는 아이러니하게도 속상하고 언짢은 일은 여러 번 되새기지만
마음에 따뜻한 온기를 불어넣는 일에는 소홀합니다.
가까이 다가갈수록 삶의 에너지를 불어넣어 주는
소중한 것들임에도 말이에요.
지금 하던 일을 멈추고 주변을 돌아보세요.
어쩌면 이미 가까운 곳에 행복이 와 있는지 모릅니다.

──────✳──────

(**따라 읽기**)

• 나는 사랑과 감사로 행복을 받아들입니다.
• 나로 인해 주변이 편안하고 행복합니다.
• 나는 내 삶에 행복을 끌어당깁니다.

(**따라 쓰기**)

....

....

....

마음챙김 명상과 시각화 연습

- 눈을 감고 편안한 마음으로 들숨과 날숨에 주의를 기울입니다.
- 숨을 들이쉬며 '행복', 숨을 내쉬며 '감사'라고 말하며 여러 번 집중합니다.
- 행복하고 감사했던 순간을 떠올려보세요. 내 안의 평화와 사랑이 가득해짐을 느껴봅니다.

마음챙김 만트라

긍정적인 생각을 심어주는 나만의 문장을 만들어보세요.

....

....

오늘 쓰기

하루 동안 있었던 일 중에서 좋은 일 세 가지를 찾아서 적고, 감사한 마음을 느껴보세요.

1.
....

2.
....

3.
....

겸손

주변 사람 가운데 다른 사람을 존중하며
자신을 내세우기보다 타인을 배려하는 사람을 떠올려보세요.
자신의 가치를 인정받고자 드러내지 않아도
겸손한 마음과 태도만으로도 그의 가치가 빛이 나죠.
나도 누군가에게 그런 사람이 되어주면 어떨까요?

———————✳———————

[따라 읽기]

• 나는 나와 타인을 고르게 존중하고 배려합니다.

• 나는 모든 사람과 조화롭고 평화롭게 지냅니다.

• 나의 가치는 삶의 모든 면을 나날이 풍요롭게 합니다.

[따라 쓰기]

마음챙김 명상과 시각화 연습

- 편안히 숨을 들이쉬고 천천히 내쉬면서 몸을 이완합니다.
- 숨을 들이쉴 때 우주와 대자연이 품은 고요하고 온화한 빛이 몸 전체로 퍼져 나가는 모습을 그려보세요.
- 호흡을 알아차리며 고요하고 평화로운 현존을 느껴보세요.

마음챙김 만트라

긍정적인 생각을 심어주는 나만의 문장을 만들어보세요.

....

....

오늘 쓰기

하루 동안 있었던 일 중에서 좋은 일 세 가지를 찾아서 적고, 감사한 마음을 느껴보세요.

1.
....

2.
....

3.
....

솔직함

내 마음속 이야기에 귀를 기울이며,

당신이 느끼는 감정과 욕구, 생각을 표현해보세요.

그래야 누구든 짐작으로 당신을 느끼지 않게 된답니다.

가까운 사람에게 이렇게 말해보세요.

"나 오늘 칭찬이 필요해. 많이 칭찬해줘."

"난 지금 위로가 필요해. 듬뿍 위로해줘."

———————✳———————

따라 읽기

- 나는 언제나 나 자신을 돕는 선택을 합니다.
- 내겐 편안하게 마음을 나눌 많은 사람들이 있습니다.
- 나는 내 마음을 이해하고 수용하며 지혜롭게 다스립니다.

따라 쓰기

....

....

....

마음챙김 명상과 시각화 연습

- 눈을 감고 편안히 호흡하며 들숨과 날숨에 주의를 기울입니다.
- 사랑하는 사람을 떠올리며 따뜻한 미소와 긍정 에너지가 서로를 감싸는 이미지를 상상해보세요.
- 호흡을 세세하게 알아차리며 숨결마다 사랑의 온기로 가득해지고 있음을 느껴보세요.

마음챙김 만트라

긍정적인 생각을 심어주는 나만의 문장을 만들어보세요.

....

....

오늘 쓰기

하루 동안 있었던 일 중에서 좋은 일 세 가지를 찾아서 적고, 감사한 마음을 느껴보세요.

1.
....

2.
....

3.
....

95 day

용서

용서는 내 마음을 자유롭게 하며

오래도록 억압된 마음을 치유하는 힘을 지니고 있어요.

용서한다고 해서 그 사람의 행동이 괜찮다는 것은 아니에요.

내 마음속 가시를 뽑아

마음 밖에 두는 것만으로도 충분해요.

따라 읽기

- 나는 너른 마음으로 자애롭게 대처합니다.
- 나는 과거의 사람들을 너그러운 연민으로 용서합니다.
- 나는 용서로 모든 걸 내려놓고 온전한 자유를 되찾습니다.

따라 쓰기

- 눈을 감고 편안한 마음으로 들숨과 날숨에 주의를 기울입니다.
- 호흡과 함께 '자비', '평화', '치유'라고 읊조리며 반복합니다.
- 한 손을 가슴에 얹거나 양손으로 어깨를 감싼 후 다독이거나 쓰다듬으며 '자비', '평화', '치유'의 에너지를 느껴보세요.

마음챙김 만트라

긍정적인 생각을 심어주는 나만의 문장을 만들어보세요.

....

....

오늘 쓰기

하루 동안 있었던 일 중에서 좋은 일 세 가지를 찾아서 적고, 감사한 마음을 느껴보세요.

1.
....

2.
....

3.
....

상처

당신은 누군가의 판단의 대상이 아닙니다.

당신의 가치를 다른 사람에게 맡기지 마세요.

일과 사랑, 인간관계에서 고통은 피할 순 없어요.

그렇지만 모든 말을 고스란히 담아 자신을 괴롭히지 마세요.

지금은 힘이 되는 한마디와 따뜻한 차 한 잔이 더 필요해요.

---------— ✳ —---------

따라 읽기

- 나는 존경과 사랑을 받을 자격이 있습니다.
- 내게 오는 모든 상황은 나의 바람대로 이루어집니다.
- 나는 날마다 삶의 의미와 가치를 발견합니다.

따라 쓰기

....

....

....

마음챙김 명상과 시각화 연습

- 들숨과 날숨에 주의를 기울이며 느낌과 감각을 알아차립니다.
- 호흡을 관찰하는 동안 의식을 열어 공간의 소리, 공기의 느낌, 몸의 감각, 그 밖의 모든 경험을 있는 그대로 느껴보세요.
- 의식을 내가 머무는 공간에서 더 넓은 세상으로 넓혀봅니다. 모든 평화로움 이 내게 머무는 느낌을 가져보세요.

마음챙김 만트라

긍정적인 생각을 심어주는 나만의 문장을 만들어보세요.

....

....

오늘 쓰기

하루 동안 있었던 일 중에서 좋은 일 세 가지를 찾아서 적고, 감사한 마음을 느껴보세요.

1.
....

2.
....

3.
....

하루를 가만히 둘러보면 고마운 순간들이 참으로 많습니다.

안부를 건네는 누군가의 말, 따뜻한 오후의 햇살,

우연히 마주친 나무와 꽃, 고요한 산책길, 가까운 사람의 미소,

주변의 응원과 격려….

참, 축복이 가득한 삶입니다.

내게 오는 선물 같은 시간에 감사의 기도를 드려보세요.

———————✳———————

따라 읽기

- 내 삶의 모든 면이 행복하고 즐겁습니다.
- 우주는 내게 꿈을 실현할 수 있는 힘을 줍니다.
- 나와 가족, 사랑하는 모든 이들의 삶에 축복이 가득합니다.

따라 쓰기

....

....

....

마음챙김 명상과 시각화 연습

- 편안하게 호흡하며 몸의 느낌과 감각, 공간의 소리와 리듬, 빛과 공기를 가만히 느껴보세요.
- 지금, 이 순간을 고요히 느껴보며 마음속에 떠오르는 모든 대상에게 축복을 보내주세요.
- 마음을 열어 가능한 한 더 많은 대상으로 축복과 사랑을 보내보세요.

마음챙김 만트라

긍정적인 생각을 심어주는 나만의 문장을 만들어보세요.

....

....

오늘 쓰기

하루 동안 있었던 일 중에서 좋은 일 세 가지를 찾아서 적고, 감사한 마음을 느껴보세요.

1.
....

2.
....

3.
....

다른 사람에 대한 원망과 미움이 아닌 사랑을 선택한다면
앞으로의 삶에 어떠한 일들이 일어날까요?
자비와 사랑은 자신의 내면을 밝히는 등불이자
삶에 생명력을 불어넣는 자양분입니다.
이제 내 삶에 무엇을 더하면 좋을까요?

———————✳———————

(따라 읽기)

• 나는 다른 사람의 생각과 감정을 존중합니다.
• 나는 주변 사람들과 좋은 관계를 맺고 있습니다.
• 나는 나와 주변을 행복하게 만들어갈 것입니다.

(따라 쓰기)

마음챙김 명상과 시각화 연습

- 호흡의 느낌과 감각을 알아차리며 숨결의 리듬을 느껴보세요.
- 다른 사람에 대한 원망이나 미움을 호흡과 함께 내려놓으며 '내 고통이 지나가기를', '내가 치유되기를' 바라며 여러 번 읊조립니다.
- 숨을 내쉴 때마다 마음 안의 고통과 괴로움이 발끝을 통해 빠져나간다고 상상해보세요.

마음챙김 만트라

긍정적인 생각을 심어주는 나만의 문장을 만들어보세요.

....

....

오늘 쓰기

하루 동안 있었던 일 중에서 좋은 일 세 가지를 찾아서 적고, 감사한 마음을 느껴보세요.

1.
....

2.
....

3.
....

하루 중 온전히 현재에 머물러 있는 시간은 얼마나 될까요?

우리는 늘 지금에 있으나 머릿속 번잡한 고민들로 달아나버리죠.

현존을 알아차려보세요.

내 마음을 현재로 되돌리는 단어나 문장도 좋아요.

'지금이야', '바로 여기', '지금 이 순간은 나에게 있어'

현재를 알아차릴수록 삶의 의미도, 활력도, 새로움도 커질 거예요.

———————✳———————

따라 읽기

- 나는 날마다 새롭게 배우며 성장합니다.
- 나는 건강하고 행복한 삶을 살고 있습니다.
- 나의 긍정적인 태도는 삶에 큰 기쁨과 성공을 가져다줍니다.

따라 쓰기

마음챙김 명상과 시각화 연습

- 편안히 앉아 호흡의 느낌과 감각을 알아차려보세요.
- 호흡과 함께 몸의 느낌이나 감각을 있는 그대로 느껴보세요.
- 주변의 소리를 알아차려보세요. 소리의 크기와 리듬, 진동을 느끼며 현존에 머물러보세요.

마음챙김 만트라

긍정적인 생각을 심어주는 나만의 문장을 만들어보세요.

....

....

오늘 쓰기

하루 동안 있었던 일 중에서 좋은 일 세 가지를 찾아서 적고, 감사한 마음을 느껴보세요.

1.
....

2.
....

3.
....

내 삶의 한 부분을 여는 좋은 습관을 하나씩 만들어보세요.

'과연 잘 해낼 수 있을까?' 의심이 들면

"예스!"라고 답해주세요.

당신의 삶에 가장 큰 영향을 끼치는 단 한 사람은 바로 자신입니다.

자리에서 일어나 삶의 다음 단계를 시작해보세요.

———————＊———————

따라 읽기

- 나는 언제나 나를 위한 최고의 선택을 합니다.
- 내 마음은 긍정적인 생각으로 가득차 있습니다.
- 긍정적인 생각과 믿음은 삶에 기쁨과 행복을 불러옵니다.

따라 쓰기

마음챙김 명상과 시각화 연습

- 편안히 들숨과 날숨에 주의를 기울이며 호흡의 리듬을 느껴보세요.
- 마음의 소망을 그려보며 행복과 건강, 풍요와 성공으로 가득한 삶의 모습을 상상해보세요.
- 자신이 밝은 축복의 빛 속에 있다고 느껴보세요. 사랑하는 사람들을 떠올리며 빛의 에너지 속에 있는 모습을 그려보세요.

마음챙김 만트라

긍정적인 생각을 심어주는 나만의 문장을 만들어보세요.

....

....

오늘 쓰기

하루 동안 있었던 일 중에서 좋은 일 세 가지를 찾아서 적고, 감사한 마음을 느껴보세요.

1.
....

2.
....

3.
....

나를 위한

100일

긍정 확언

✕

나를 위한 긍정 확언으로 스스로에게 용기와 자애를 보내주세요.

긍정 확언을 시작하기 전에 지금의 모습을 떠올리며 응원을 해주세요.

매일의 문장을 필사한 후 하루에도 여러 번 반복해서 말해주세요.

30일
긍정 확언

1 day 내가 바라는 대로 삶이 이루어집니다.

2 day 내 삶엔 즐거움과 행복이 가득합니다.

3 day 나는 나를 있는 그대로 사랑하고 존중합니다.

4 day 나에겐 무한한 성공의 잠재력과 힘이 있습니다.

5 day 나는 매일의 일상에서 즐거움과 기쁨을 발견합니다.

6 day 나는 내 앞에 놓인 모든 상황을 직면할 수 있습니다.

7 day 내 삶은 편안하고 안정적이며 좋은 사람들로 가득합니다

8 day 나는 나의 가장 좋은 부모이자 멘토입니다.

9 day 나는 어떤 일이든 즐겁게 잘 해낼 수 있습니다.

10 day 나는 일상의 작은 일에도 기쁨과 행복을 느낍니다.

11 day 나의 선택을 믿으며 모든 기회를 받아들입니다.

12 day 나는 노력과 끈기로 일을 끝까지 해냅니다.

13 day 나는 모든 부정적인 기억을 풀고 넘어갑니다.

14 day 타인을 향한 배려와 친절은 더 큰 감사와 축복을 가져옵니다.

15 day 하루하루가 지날수록 점점 더 편해지고 건강해집니다.

16 day 내겐 어떤 어려움도 극복해낼 위대한 힘이 있습니다.

17 day 나는 매일 긍정적인 생각으로 내 삶을 만들어갑니다

18 day 나는 항상 내가 지키려는 꿈과 희망에 집중합니다.

19 day 날마다 즐거운 마음으로 하루를 맞이합니다.

20 day 나는 내 주변의 모든 긍정적인 에너지를 받아들입니다.

21 day 나는 고통 속에서 더 큰 삶의 의미를 발견합니다.

22 day 내 삶은 행복한 순간들과 소중한 사람들로 가득합니다.

23 day 나는 모든 사람의 가치를 고르게 존중하고 수용합니다.

24 day 나는 모든 상황에서 내가 할 수 있는 최선을 다합니다.

25 day 나는 내 감정을 잘 헤아려 유연하게 대처합니다.

26 day 내가 있는 곳에선 늘 즐거움과 기쁨이 가득합니다.

27 day 내가 바라는 모든 소망이 하나씩 이루어지고 있습니다.

28 day 나는 내가 바랄 때마다 필요한 것을 얻게 됩니다

29 day 두려움은 내게 커다란 감내 능력을 선물합니다.

30 day 내 마음은 누구에게든, 어떤 상황에서든 고르게 열려 있습니다.

**60일
긍정확언**

31 day 불안은 나를 더욱 성장시키는 소중한 감정입니다.

32 day 나는 도전을 즐기며 열정으로 헤쳐 나갑니다.

33 day 내 삶은 나의 의도대로 실현됩니다.

34 day 내가 원할 때마다 기대한 모든 일이 쉽게 이루어집니다.

35 day 내 주변 사람들은 힘이 되고, 친절하며, 믿음직스럽습니다.

36 day 내게 오는 모든 순간은 즐겁고 특별합니다.

37 day 나는 주어진 상황을 피하지 않고 있는 그대로 인정합니다.

38 day 나는 내 안의 좋은 면을 찾아 강점을 만들어냅니다.

39 day 나는 현재의 순간을 알아차리며 즐겁게 맞이합니다

40 day 과거로부터 배운 지혜와 통찰은 나를 바꾸는 자원입니다.

41 day 좋은 말과 좋은 행동은 내 삶을 풍요롭게 합니다.

42 day 나는 그 어느 때보다 지금 행복합니다.

43 day 다른 사람의 말보다 내가 원하는 가치가 중요합니다.

44 day 나의 자비는 더 큰 사랑으로 되돌아옵니다.

45 day 나는 내 삶의 소중한 것을 지켜나가며 행복을 느낍니다.

46 day 나의 의도와 확신은 행운과 기적을 불러옵니다.

47 day 과거의 습관에서 벗어나 현재를 새롭게 맞이합니다.

48 day 나는 언제나 스스로를 위한 최고의 선택을 합니다.

49 day 내가 하는 일에서 인정받고 사랑받습니다.

50 day 모든 가능성의 문은 나에게 있습니다.

51 day 나는 나의 노력과 수고를 가치 있게 여깁니다.

52 day 나는 내 삶에 행복을 끌어당깁니다.

53 day 나는 나와 타인을 고르게 존중하고 배려합니다.

54 day 나는 내 마음을 이해하고 수용하며 지혜롭게 다스립니다.

55 day 나는 다른 사람의 생각과 감정을 존중합니다.

56 day 긍정적인 생각과 믿음은 내 삶에 기쁨과 행복을 불러옵니다.

57 day 나는 날마다 새롭게 배우며 성장합니다.

58 day 나는 날마다 삶의 의미와 가치를 발견합니다.

59 day 나는 너른 마음으로 자애롭게 대처합니다.

60 day 나는 언제나 나 자신을 돕는 선택을 합니다.

61 day 나는 사랑과 감사로 행복을 받아들입니다.

62 day 나는 창의적으로 사고하고 경험에 개방적입니다.

63 day 나의 도전과 열정은 무한한 부와 성공을 가져다줍니다.

64 day 나는 나를 사랑하고 내 몸을 사랑합니다.

65 day 나는 충만하고 활기찬 삶을 살 자격이 있습니다.

66 day 나는 나와 주변 사람에게 더 큰 용기와 힘을 줍니다.

67 day 내가 원하는 모습으로 나날이 성장하고 있습니다.

68 day 나는 내 안의 고통을 헤아리며 치유를 돕습니다.

69 day 나는 치우치지 않는 마음으로 지혜롭게 헤쳐 나갑니다.

70 day 나는 스스로를 이해하고 용서하며 치유합니다.

71 day 건강한 식단과 좋은 음식으로 내 몸을 돌봅니다.

72 day 나는 어디서든 편안하고 안정된 관계 속에 있습니다.

73 day 늘 나는 사랑을 나눌 수 있는 또 다른 기회를 얻습니다.

74 day 나는 괴로움을 잊기보다 사랑을 선택합니다.

75 day 내 삶의 안식처는 나의 내면으로부터 시작됩니다.

76 day 어디서든 나의 장점을 이끌어주는 사람들과 함께합니다.

77 day 나는 늘 잠재 능력을 발휘할 모든 가능성을 택합니다.

78day 어떤 문제가 생기더라도 느긋하게 긍정적으로 해결해 나갑니다.

79 day 실패는 내 안의 가장 약한 면을 강하고 위대하고 만들어줍니다.

80 day 나는 선한 힘으로 주변을 밝게 만들어갑니다.

81 day 나는 용기와 확신으로 미래를 향해 나아갑니다.

82 day 나는 사랑이 가득한 사람들 속에 함께 있습니다.

83 day 나는 모든 사람들의 가치를 인정하고 존중합니다.

84 day 나는 내 감정보다 더 크고 위대한 존재입니다.

85 day 나는 모든 감정을 자유롭게 느끼며 표현합니다.

86 day 나는 어떤 도전도 할 준비가 되어 있습니다.

87 day 내가 행복을 느낄 때마다 더 큰 행복이 내게로 옵니다.

88 day 나는 모든 세상일에 담대하고 의연합니다.

89 day 나를 보호하는 긍정의 에너지는 날로 더 커집니다.

90 day 내가 찾는 모든 순간이 지금 내게로 오고 있습니다.

91 day 나는 변화에 능동적이며 새로움을 즐기고 창조합니다.

92 day 모든 일은 무엇이든 그만큼의 의미와 가치가 있습니다.

93 day 오늘의 기대와 확신은 미래를 바꾸는 위대한 힘입니다.

94 day 나는 실수를 통해 더 많이 배우고 성장합니다.

95 day 나는 내 몸을 아끼며 사랑으로 돌봅니다.

96 day 나는 언제든 침착하고 차분하게 행동합니다.

97 day 나는 언제나 문제가 아닌 가능성을 봅니다.

98 day 나는 늘 긍정적으로 보고 듣고 느낍니다.

99 day 내게는 확고한 신념과 자신감이 있습니다.

100 day 나는 내 인생의 모든 행복과 풍요를 누릴 자격이 있습니다.

부록 2

자녀를 위한
30일
긍정 확언

✖

자녀를 위한 30일 긍정 확언으로 마음 깊은 사랑을 담아보세요.
긍정 확언을 시작하기 전에 아이의 모습을 떠올리며
사랑과 축복을 보내주세요.
매일의 문장을 필사한 후 하루에도 여러 번 반복해서 말해주세요.

30일
긍정 확언

1 day 내 안의 사랑은 더없이 깊고 충만합니다.

2 day 조건 없이 있는 그대로를 사랑합니다.

3 day 늘 책임감 있게 아이(들)을 지킵니다.

4 day 아이(들)의 요구에 다정하게 다가갑니다.

5 day 아름답고 소중한 시간에 감사합니다.

6 day 나는 매일 의미 있는 시간을 잘 보냅니다.

7 day 차별 없이 존중하며 사랑합니다.

8 day 자랑스럽고 사랑스러운 아이들입니다.

9 day 모든 상황에서 열린 대화를 나눕니다.

10 day 아이(들)의 감정을 온전히 수용합니다.

11 day 아이(들)와 함께하는 시간이 행복합니다.

12 day 아이(들)의 힘겨움을 잘 이해합니다.

13 day 아이(들)의 선택을 존중하며 허용합니다.

14 day 나는 너그럽고 관대한 부모입니다.

15 day 아이(들)이 꿈을 이루도록 격려합니다.

16 day 아이(들)이 재능을 발휘하도록 돕습니다.

17 day 나는 아이(들)에게 받는 사랑으로 힘을 얻습니다.

18 day 아이(들)에게 긍정적인 영향을 미칩니다.

19 day 아이(들)이 잘 자라도록 안정된 집을 만듭니다.

20 day 나는 아이(들)이 요청할 때마다 돕습니다.

21 day 나는 항상 가족의 결정에 아이(들)을 포함시킵니다.

22 day 나는 아이(들)의 성장을 돕고 영감을 줍니다.

23 day 누구와도 비교할 수 없는 소중한 아이(들)입니다.

24 day 나는 아이(들)의 웃음을 좋아합니다.

25 day 아이(들)와의 시간은 삶의 에너지가 됩니다.

26 day 나는 아이(들)에게 용기와 낙관성을 심어줍니다.

27 day 나는 매일 아이(들)에게 축복과 사랑을 보냅니다.

28 day 아이(들)의 미래에 사랑과 은총이 충만합니다.

29 day 아이(들)과의 관계는 점점 더 사랑으로 깊어집니다.

30 day 아이(들)은 내 삶의 기적이며 축복입니다.

하루 10분·100일, 심리학자의 긍정 확언 필사 노트

미래의 나에게 주는 선물

초판 1쇄 발행 2023년 1월 9일

지은이 김도연

기획편집 김소영
디자인 알레프

펴낸곳 언더라인
출판등록 제2022-000005호
팩스 0504-157-2936
메일 underline_books@naver.com
인스타그램 @underline_books

ISBN 979-11-978601-8-8 03190